서기 2013년
단기 4346년

계사년(癸巳年) 음력 절기표

월건	月의 大小	음력 1일의 간지	절기명	절기 소속 달	음력 일자	양력 일자	절기 드는 시각
甲寅	正月大 이흑(二黑)	丁未	우수(雨水)	음력 正月中	9일	2월 18일	오후 9시 1분
			경칩(驚蟄)	음력 二月節	24일	3월 5일	오후 7시 15분
乙卯	二月小 일백(一白)	丁丑	춘분(春分)	음력 二月中	9일	3월 20일	오후 8시 2분
			청명(淸明)	음력 三月節	25일	4월 5일	오전 0시 2분
丙辰	三月大 구자(九紫)	丙午	곡우(穀雨)	음력 三月中	11일	4월 20일	오전 7시 3분
			입하(立夏)	음력 四月節	26일	5월 5일	오후 5시 18분
丁巳	四月大 팔백(八白)	丙子	소만(小滿)	음력 四月中	12일	5월 21일	오전 6시 9분
			망종(芒種)	음력 五月節	27일	6월 5일	오후 9시 23분
戊午	五月小 칠적(七赤)	丙午	하지(夏至)	음력 五月中	13일	6월 21일	오후 2시 4분
			소서(小暑)	음력 六月節	29일	7월 7일	오전 7시 34분
己未	六月大 육백(六白)	乙亥	대서(大暑)	음력 六月中	16일	7월 23일	오전 0시 56분
庚申	七月小 오황(五黃)	乙巳	입추(立秋)	음력 七月節	1일	8월 7일	오후 5시 20분
			처서(處暑)	음력 七月中	17일	8월 23일	오전 8시 2분
辛酉	八月大 사록(四綠)	甲戌	백로(白露)	음력 八月節	3일	9월 7일	오후 8시 16분
			추분(秋分)	음력 八月中	19일	9월 23일	오전 5시 44분
壬戌	九月小 삼벽(三碧)	甲辰	한로(寒露)	음력 九月節	4일	10월 8일	오전 11시 58분
			상강(霜降)	음력 九月中	19일	10월 23일	오후 3시 10분
癸亥	十月大 이흑(二黑)	癸酉	입동(立冬)	음력 十月節	5일	11월 7일	오후 3시 14분
			소설(小雪)	음력 十月中	20일	11월 22일	오후 12시 48분
甲子	十一月小 일백(一白)	癸卯	대설(大雪)	음력 十一月節	5일	12월 7일	오전 8시 8분
			동지(冬至)	음력 十一月中	20일	12월 22일	오전 2시 11분
乙丑	十二月大 구자(九紫)	壬申	소한(小寒)	음력 十二月節	5일	1월 5일	오후 7시 24분
			대한(大寒)	음력 十二月中	20일	1월 20일	오후 12시 51분

본 택일력을 활용하는 요령

⊙ 택일을 목적으로 본 책자를 펼치시는 분은 먼저 반드시 본면의 설명부터 참고하시기 바랍니다.

　본 택일력은 천기대요(天機大要)라는 책자의 원리를 적용하여 행사에 대한 길흉을 구분해서 수록하였습니다. 특히 길신(吉神)을 취용(取用)하는 것보다 행사에 불리한 흉살(凶殺)의 작용력에 의해, 이를 피하여 유리·불리를 구분하였습니다.

　참고로 택일에 있어 대표적인 흉살·흉일은 천적(天賊)·수사(受死)·월파(月破)·복단(伏斷)·사폐(四廢)·천강(天罡: 황도일이면 무방)·하괴(河魁: 단 황도일이면 무방) 등은 모두 백사에 불리한 날이므로 이를 범하지 않는 날로 유리한 행사를 수록하였습니다.

　　단, 복단일은 화장실 짓고 수리하는 일과 젖먹이 어린이 젖떼기 시작하는 데만 효과적이고 그 외는 모두 불리합니다.
　　월파일(月破日)은 파괴, 깨뜨린다는 의미로 수술, 축조물 허는 데만 사용합니다.
　　수사일(受死日)은 고기잡고, 사냥하고, 살충제 살포에만 효과적인 날입니다.

　　※ 음양택을 제외하고 일반 택일의 생기복덕법 적용의 예

　일반적 생활(약혼 결혼 이사 고사 개업 등) 택일 중에 가장 까다로운 택일이 혼인 택일이다. 이유는 남녀 두 사람의 생기복덕에서 화해·절명일을 피해야 되고, 꺼리는 살(殺-천적 수사 복단 월살 월파 흉사 피마 단오 동지 하지 월기일 등)을 범하지 않은 가운데 또 토요일이나 일요일을 선호하기 때문이다.

※ 당년 나이 남자 32세(壬戌生), 여자 27세(丁卯生)의 혼인 택일 예

남자 32세	절체 △	화해 ×	화해 ×	생기 ○	복덕 ○	복덕 ○	귀혼 △	유혼 △	유혼 △	천의 ○	절명 ×	절명 ×
일진	子	丑	寅	卯	辰	巳	午	未	申	酉	戌	亥
여자 27세	절명 ×	생기 ○	생기 ○	화해 ×	천의 ○	천의 ○	유혼 △	귀혼 △	귀혼 △	복덕 ○	절체 △	절체 ×

亥日은 아무리 좋아도 결혼식 불리요, 남자는 亥日 고신살, 여자는 戌日 과수살, ×는 모두 불리한 일진이라 子日 丑日 寅日 卯日 戌日 亥日을 피한다.

생기 · 복덕 일람표

남녀 구분	남자 연령(당) 1, 8, 16, 24, 32, 40, 48, 56, 64, 72, 80, 88	2, 9, 17, 25, 33, 41, 49, 57, 65, 73, 81, 89	3, 10, 18, 26, 34, 42, 50, 58, 66, 74, 82, 90	4, 11, 19, 27, 35, 43, 51, 59, 67, 75, 83, 91	5, 12, 20, 28, 36, 44, 52, 60, 68, 76, 84, 92	6, 13, 21, 29, 37, 45, 53, 61, 69, 77, 85, 93	7, 14, 22, 30, 38, 46, 54, 62, 70, 78, 86, 94	15, 23, 31, 39, 47, 55, 63, 71, 79, 87, 95	여자 연령(당) 1, 8, 16, 24, 32, 40, 48, 56, 64, 72, 80, 88	2, 9, 17, 25, 33, 41, 49, 57, 65, 73, 81, 89	3, 10, 18, 26, 34, 42, 50, 58, 66, 74, 82, 90	4, 11, 19, 27, 35, 43, 51, 59, 67, 75, 83, 91	5, 12, 20, 28, 36, 44, 52, 60, 68, 76, 84, 92	6, 13, 21, 29, 37, 45, 53, 61, 69, 77, 85, 93	7, 14, 22, 30, 38, 46, 54, 62, 70, 78, 86, 94	15, 23, 31, 39, 47, 55, 63, 71, 79, 87, 95
생기(生氣) ○	卯	丑寅	戌亥	酉	辰巳	未申	午	子	辰巳	酉	戌亥	丑寅	卯	子	午	未申
천의(天宜) ○	酉	辰巳	午	卯	丑寅	子	戌亥	未申	丑寅	卯	午	辰巳	酉	未申	戌亥	子
절체(絶體) △	子	戌亥	丑寅	未申	午	酉	辰巳	卯	午	未申	丑寅	戌亥	子	卯	辰巳	酉
유혼(遊魂) △	未申	午	辰巳	子	戌亥	卯	丑寅	酉	戌亥	子	辰巳	午	未申	酉	丑寅	卯
화해(禍害) ×	丑寅	卯	子	辰巳	酉	午	未申	戌亥	酉	辰巳	子	卯	丑寅	戌亥	未申	午
복덕(福德) ○	辰巳	酉	未申	丑寅	卯	戌亥	子	午	卯	丑寅	未申	酉	辰巳	午	子	戌亥
절명(絶命) ×	戌亥	子	卯	午	未申	辰巳	酉	丑寅	未申	午	卯	子	戌亥	丑寅	酉	辰巳
귀혼(歸魂) △	午	未申	酉	戌亥	子	丑寅	卯	辰巳	子	戌亥	酉	未申	午	辰巳	卯	丑寅

단, ×표 닿는 날은 화해 · 절명일이므로 피하라.

택일에 빼놓을 수 없는 것은 생기 · 복덕법에 의한 날짜의 선택이다. 생기 · 천의 · 복덕일을 취용하되, 사정에 의하여 생기 · 복덕 · 천의일 중에 택일이 어려우면 부득이 유혼 · 절체 · 귀혼일을 사용할 수 있으나 화해나 절명일은 사용하지 못한다. 위는 일람표로서 참고하면 화해 · 절명일이 어느 일진에 해당하는가를 알 수 있다.

서기 2013년
단기 4346년

계사(癸巳) 一月大(31일)

경축·기념일	양력(일)	요일	음 月之大小	음력일자	간지	이십팔수	십이직(十二直)	구성(九星)	이사주당	혼인주당	주요 신살(主要神殺)
신 정	1	火		20	丁卯	미(尾)	평(平)	四綠	해(害)	옹(翁)	수사일
	2	水		21	戊辰	기(箕)	정(定)	五黃	살(殺)	제(第)	복단일
	3	木		22	己巳	두(斗)	집(執)	六白	부(富)	조(竈)	
	4	金		23	庚午	우(牛)	파(破)	七赤	사(師)	부(婦)	천적·월파일
	5	土		24	辛未	여(女)	파(破)	八白	재(災)	주(廚)	월파일

● 소한(小寒) 오후 1시 34분, 음력 12월의 절기

	6	㊐		25	壬申	허(虛)	위(危)	九紫	안(安)	부(夫)	
	7	月		26	癸酉	위(危)	성(成)	一白	이(利)	고(姑)	수사일
	8	火		27	甲戌	실(室)	수(收)	二黑	천(天)	당(堂)	대공망일
	9	水		28	乙亥	벽(壁)	개(開)	三碧	해(害)	옹(翁)	대공망일·복단일·천적
	10	木		29	丙子	규(奎)	폐(閉)	四綠	살(殺)	제(第)	
	11	金		30	丁丑	누(婁)	건(建)	五黃	부(富)	조(竈)	
	12	土	十二月小	1	戊寅	위(胃)	제(除)	六白	천(天)	부(婦)	
	13	㊐		2	己卯	묘(昴)	만(滿)	七赤	이(利)	조(竈)	
	14	月		3	庚辰	필(畢)	평(平)	八白	안(安)	제(第)	하괴일
	15	火		4	辛巳	자(觜)	정(定)	九紫	재(災)	옹(翁)	
	16	水		5	壬午	삼(參)	집(執)	一白	사(師)	당(堂)	
	17	木	납향·토왕용사	6	癸未	정(井)	파(破)	二黑	부(富)	고(姑)	대공망일·월파일
	18	金		7	甲申	귀(鬼)	위(危)	三碧	살(殺)	부(夫)	대공망일·복단일
	19	土		8	乙酉	유(柳)	성(成)	四綠	해(害)	주(廚)	대공망일·수사일
	20	㊐		9	丙戌	성(星)	수(收)	五黃	천(天)	부(婦)	

● 대한(大寒) 오전 6시 52분, 음력 12월의 중기

	21	月		10	丁亥	장(張)	개(開)	六白	이(利)	조(竈)	천적일
	22	火		11	戊子	익(翼)	폐(閉)	七赤	안(安)	제(第)	
	23	水		12	己丑	진(軫)	건(建)	八白	재(災)	옹(翁)	
	24	木		13	庚寅	각(角)	제(除)	九紫	사(師)	당(堂)	
	25	金		14	辛卯	항(亢)	만(滿)	一白	부(富)	고(姑)	
	26	土		15	壬辰	저(氐)	평(平)	二黑	살(殺)	부(夫)	대공망일·하괴일
	27	㊐		16	癸巳	방(房)	정(定)	三碧	해(害)	주(廚)	대공망일·복단일
	28	月		17	甲午	심(心)	집(執)	四綠	천(天)	부(婦)	대공망일
	29	火		18	乙未	미(尾)	파(破)	五黃	이(利)	조(竈)	월파일
	30	水		19	丙申	기(箕)	위(危)	六白	안(安)	제(第)	
	31	木		20	丁酉	두(斗)	성(成)	七赤	재(災)	옹(翁)	수사일

음력 { 11월 20일 부터
       12월 20일 까지 }   十二月 九星

二黑	七赤	九紫
一白	三碧	五黃
六白	八白	四綠

양력	요일	음력	1월중 행사에 대한 유리·불리 〔【 】안은 불리한 행사〕	간지
1	火	20	제사, 약혼식, 고기잡이, 수렵, 옷맞추기, 장담그기 【여행, 이사, 결혼식, 질병치료, 등반】	丁卯
2	水	21	어린이 젖떼기와 화장실 수리 【고사, 여행, 이사, 약혼식, 결혼식, 회의개최, 개업】	戊辰
3	木	22	고사, 입학, 필요한 물건 구하는 일, 양자 세우는 일, 옷맞추기 【여행, 이사, 결혼식, 장례행사】	己巳
4	金	23	●이날은 천적(天賊), 월파(月破), 월기일(月忌日)이 모두 들어 매사에 불리함	庚午
5	土	24	소한(小寒) : 음 12월절 ●이날은 월파일이 되어 파괴하는 일에만 효과적임	辛未

(十二月節) 이날부터 癸丑月의 월건(月建) 적용

6	日	25	제사, 고사, 여행, 이사, 새집들이, 약혼식, 청탁, 물품구입 【결혼식, 취임, 행선, 등산】	壬申
7	月	26	●이날은 흑도일(黑道日)에 수사일(受死日)이 되어 유리한 행사가 없음	癸酉
8	火	27	제사, 불공, 여행, 이사, 새집들이, 약혼식, 결혼식, 수금, 남의 식구 들이는 일, 계약, 개업	甲戌
9	水	28	●이날은 천적일(天賊日)과 복단일(伏斷日)이 되어 매사 불리함	乙亥
10	木	29	●고사, 계약체결, 옷맞추기, 불필요한 출입문과 도로의 폐쇄, 문 닫고 폐쇄하기	丙子
11	金	30	제사, 민원서 제출, 작품전시, 대청소, 경로행사, 계약체결, 상거래 시작	丁丑
12	土	12/1	불공, 이사, 회의개최, 손님초대, 건축과 집수리 공사 착수, 상량식, 벌목, 파종	戊寅
13	日	2	제사, 여행, 이사, 인허가 신청, 남의 식구 들이는 일, 개업, 벌목, 옷맞추기, 파종	己卯
14	月	3	제사, 필요한 물품구입, 질병치료의 시작 【이사, 약혼식, 결혼식, 행선, 침구, 수술】	庚辰
15	火	4	고사, 약혼식, 약정, 회의개최, 손님초대, 건축 및 집수리 시작, 계약, 매매	辛巳
16	水	5	제사, 장기복약의 시작, 계약체결, 상거래 시작, 벌목, 파종, 장담그기 【이사, 결혼식】	壬午
17	木	6	낡은 건축물 헐기, 수술받기 【고사, 여행, 이사, 약혼식, 결혼식, 인허가 신청, 결성, 모임】	癸未
18	金	7	제사, 여행, 입학, 계약체결, 상거래 시작, 옷맞추기, 파종 【이사, 결혼식, 소송, 등반】	甲申
19	土	8	제사, 옷맞추기, 회의개최, 손님초대 【고사, 여행, 이사, 결혼식, 건축 및 집수리, 수술】	乙酉
20	日	9	대한(大寒) : 음 12월중 제사, 수금, 반출품 회수, 옷맞추기, 파종	丙戌

(十二月中)

21	月	10	●이날은 황도(黃道), 대명(大明) 등 길신이 임하였으나 천적일이 되어 매사 불리	丁亥
22	火	11	불공, 불필요한 출입문과 도로의 폐쇄, 옷맞추기, 벌목 【여행, 이사, 결혼식, 개업】	戊子
23	水	12	제사, 회의 열어 타협보는 일, 옷맞추기, 목욕, 파종 【여행, 이사, 결혼식, 장례행사】	己丑
24	木	13	여행, 이사, 약혼식, 결혼식, 민원서 제출, 입학, 손님초대, 청탁 【뜸뜨고 침맞기】	庚寅
25	金	14	제사, 여행, 수금, 필요한 물건 구하는 일, 물품반입, 민원서 제출, 계약, 상거래 시작	辛卯
26	土	15	고사, 남의 식구 들이는 일, 옷맞추기, 파종 【여행, 이사, 약혼식, 결혼식, 구직, 둑쌓기】	壬辰
27	日	16	화장실 수리, 어린이 젖떼기, 담배 끊기 시작 ●복단일이 되어 이상의 일만 효과적	癸巳
28	月	17	제사, 고사, 여행, 이사, 민원서 제출, 회의개최, 손님초대, 경로행사, 건축의 시작	甲午
29	火	18	낡은 건축물 헐기, 원치 않는 약정의 취소 【제사, 여행, 이사, 결혼식, 개업, 건축】	乙未
30	水	19	불공, 제사, 민원서 제출, 작품전시, 장담그기, 옷맞추기, 물품구입 【입산, 등반, 행선】	丙申
31	木	20	고기잡이, 수렵, 살충제 살포 ●이날은 수사일(受死日)이 되어 위 행사만 효과적임	丁酉

서기 2013년
단기 4346년

계사(癸巳) 二月平(28일)

경축·기념일	양력(일)	요일	음 月之大小	음력일자	간지	이십팔수	십이직(十二直)	구성(九星)	이사주당	혼인주당	주요 신살(主要神殺)
	1	金		21	戊戌	우(牛)	수(收)	八白	사(師)	당(堂)	
	2	土		22	己亥	여(女)	개(開)	九紫	부(富)	고(姑)	천적일
	3	日		23	庚子	허(虛)	폐(閉)	一白	살(殺)	부(夫)	복단일·월기일
	4	月		24	辛丑	위(危)	폐(閉)	二黑	해(害)	주(廚)	
●입춘(立春) 오전 1시 13분, 음력 정월의 절기											
	5	火		25	壬寅	실(室)	건(建)	三碧	천(天)	부(婦)	대공망일·복단일
	6	水		26	癸卯	벽(壁)	제(除)	四綠	이(利)	조(竈)	
	7	木		27	甲辰	규(奎)	만(滿)	五黃	안(安)	제(第)	천적일
	8	金		28	乙巳	누(婁)	평(平)	六白	재(災)	옹(翁)	
설연휴	9	土	제석	29	丙午	위(胃)	정(定)	七赤	사(師)	당(堂)	
설날	10	日	正月大	1	丁未	묘(昴)	집(執)	八白	안(安)	부(夫)	
설연휴	11	月		2	戊申	필(畢)	파(破)	九紫	이(利)	고(姑)	월파일
	12	火		3	己酉	자(觜)	위(危)	一白	천(天)	당(堂)	복단일
	13	水		4	庚戌	삼(參)	성(成)	二黑	해(害)	옹(翁)	수사일
	14	木		5	辛亥	정(井)	수(收)	三碧	살(殺)	제(第)	하괴일·월기일
	15	金		6	壬子	귀(鬼)	개(開)	四綠	부(富)	조(竈)	대공망일
	16	土		7	癸丑	유(柳)	폐(閉)	五黃	사(師)	부(婦)	
	17	日		8	甲寅	성(星)	건(建)	六白	재(災)	주(廚)	
	18	月		9	乙卯	장(張)	제(除)	七赤	안(安)	부(夫)	
●우수(雨水) 오후 9시 1분, 음력 정월의 중기											
	19	火		10	丙辰	익(翼)	만(滿)	八白	이(利)	고(姑)	천적일
	20	水		11	丁巳	진(軫)	평(平)	九紫	천(天)	당(堂)	
	21	木		12	戊午	각(角)	정(定)	一白	해(害)	옹(翁)	복단일
	22	金		13	己未	항(亢)	집(執)	二黑	살(殺)	제(第)	
	23	土		14	庚申	저(氐)	파(破)	三碧	부(富)	조(竈)	월파일·월기일
	24	日	원소절	15	辛酉	방(房)	위(危)	四綠	사(師)	부(婦)	
	25	月		16	壬戌	심(心)	성(成)	五黃	재(災)	주(廚)	수사일
	26	火		17	癸亥	미(尾)	수(收)	六白	안(安)	부(夫)	하괴일
	27	水	陽遁中元	18	甲子	기(箕)	개(開)	七赤	이(利)	고(姑)	
	28	木		19	乙丑	두(斗)	폐(閉)	八白	천(天)	당(堂)	대공망일·복단일

음력 { 12월 21일부터
정월 19일까지

正月 九星

一白	六白	八白
九紫	二黑	四綠
五黃	七赤	三碧

양력	요일	음력	2월중 행사에 대한 유리·불리〔【 】안은 불리한 행사〕	간지
1	金	21	민원서 제출, 창작품 전시, 살충제 살포【수사일-고사, 이사, 결혼식, 수술, 장례행사】	戊戌
2	土	22	•이날은 흑도일(黑道日)에 하괴일(河魁日)이 되어 유리한 행사가 없음	己亥
3	日	23	•이날은 닫혀 있다는 폐일(閉日)이 되어 여행, 회의, 결혼식 등 기타 모두 불리	庚子
4	月	24	입춘(立春) : 음 정월절 •폐쇄하는 일만 효과적이고 그 외는 모두 불리함	辛丑

(正月節) 이날부터 甲寅月의 월건(月建) 적용

5	火	25	화장실 수리, 어린이 젖떼기와 어른 담배 끊기 시작, 인연 끊기 등 단절하는 일	壬寅
6	水	26	불공, 여행, 약혼식, 입학, 남의 식구 들이는 일, 회의개최, 손님초대, 상거래 시작, 개업	癸卯
7	木	27	•이날은 황도(黃道), 월덕(月德) 등 길신이 있으나 천적일이 되어 매사 불리함	甲辰
8	金	28	제사, 약혼식【여행, 이사, 새집들이, 결혼식, 손님초대, 건축의 시작, 장례행사】	乙巳
9	土	29	•이날은 음력 섣 대명절 전날이므로 연휴가 되어 행사에 대한 내용 생략함	丙午
10	日	1/1	•이날은 음력 설날이라 공휴일이 되어 행사에 대한 유리 불리를 생략함	丁未
11	月	2	•이날까지 설 명절 공휴일이 되어 행사에 대한 유리 불리를 생략함	戊申
12	火	3	화장실 수리, 어린이 젖떼기와 담배 끊기 시작【고사, 여행, 이사, 결혼식, 개업】	己酉
13	水	4	제사, 민원서 제출, 모임결성, 회의개최, 손님초대【여행, 이사, 고소장 제출, 결혼식】	庚戌
14	木	5	민원서 제출, 회의개최, 손님초대, 모임결성【결혼식, 고사, 장담그기, 장례행사】	辛亥
15	金	6	여행, 약혼식, 민원서 제출, 생산품 출시 시작, 건축 및 집수리 시작, 개업	壬子
16	土	7	불공, 약혼식, 경로행사, 출입문과 도로의 폐쇄【고사, 여행, 이사, 결혼식, 소송】	癸丑
17	日	8	불공, 약혼식, 결혼식, 회의개최, 합의보는 일, 질병치료의 시작, 윗사람 방문	甲寅
18	月	9	우수(雨水) : 음 정월중 제사, 고사, 이사, 약혼식, 결혼식, 회의개최, 민원서 제출	乙卯

(正月中)

19	火	10	•이날은 황도에 월덕, 월은 등의 길신이 임하였으나 천적일이 되어 매사 불리	丙辰
20	水	11	제사, 이사, 약혼식, 회의개최, 합의보는 일, 목욕【여행, 입수, 행선, 상례행사】	丁巳
21	木	12	화장실 수리, 어린이 젖떼기 시작 •복단일이 되어 상기 행사 이외는 불리함	戊午
22	金	13	제사, 약혼식, 회의개최, 손님초대, 청탁, 수금, 건축 및 집수리 시작, 계약체결	己未
23	土	14	낡은 건축물 헐기【고사, 여행, 이사, 약혼식, 결혼식, 약정, 건축 및 수리, 개업】	庚申
24	日	15	제사, 이사, 새집들이, 약혼식, 회의개최, 복약, 계약체결, 상거래 시작, 옷맞추기	辛酉
25	月	16	제사, 민원서 제출, 입학, 살충제 살포【여행, 이사, 결혼식, 고소장 제출, 수술받기】	壬戌
26	火	17	고사, 여행, 이사, 필요한 물건 구하는 일, 회의개최, 손님초대【결혼식, 장례행사】	癸亥
27	水	18	여행, 이사, 약혼식, 회의개최, 손님초대, 입양 등 남의 식구 들이는 일, 건축의 시작	甲子
28	木	19	•이날은 복단일(단절)과 폐일(폐쇄)이 되어 모든 행사에 불리함	乙丑

서기 2013년
단기 4346년

계사(癸巳) 三月大(31일)

경축·기념일	양력(일)	요일	음月之大小	음력일자	간지	이십팔수	십이직(十二直)	구성(九星)	이사주당	혼인주당	주요 신살(主要神殺)
삼일절	1	金		20	丙寅	우(牛)	건(建)	九紫	해(害)	옹(翁)	
	2	土		21	丁卯	여(女)	제(除)	一白	살(殺)	제(第)	복단일
납세자의 날	3	日		22	戊辰	허(虛)	만(滿)	二黑	부(富)	조(竈)	천적일
	4	月		23	己巳	위(危)	평(平)	三碧	사(師)	부(婦)	월기일
	5	火		24	庚午	실(室)	평(平)	四綠	재(災)	주(廚)	

● 경칩(驚蟄) 오후 7시 15분, 음력 2월의 절기

	6	水		25	辛未	벽(壁)	정(定)	五黃	안(安)	부(夫)	
	7	木		26	壬申	규(奎)	집(執)	六白	이(利)	고(姑)	
	8	金		27	癸酉	누(婁)	파(破)	七赤	천(天)	당(堂)	천적·월파일
	9	土		28	甲戌	위(胃)	위(危)	八白	해(害)	옹(翁)	대공망일·복단일
	10	日		29	乙亥	묘(昴)	성(成)	九紫	살(殺)	제(第)	대공망일
	11	月		30	丙子	필(畢)	수(收)	一白	부(富)	조(竈)	
	12	火	二月小	1	丁丑	자(觜)	개(開)	二黑	천(天)	부(婦)	
	13	水		2	戊寅	삼(參)	폐(閉)	三碧	이(利)	조(竈)	
	14	木		3	己卯	정(井)	건(建)	四綠	안(安)	제(第)	
	15	金		4	庚辰	귀(鬼)	제(除)	五黃	재(災)	옹(翁)	수사일
	16	土		5	辛巳	유(柳)	만(滿)	六白	사(師)	당(堂)	월기일
	17	日		6	壬午	성(星)	평(平)	七赤	부(富)	고(姑)	
	18	月		7	癸未	장(張)	정(定)	八白	살(殺)	부(夫)	대공망일·복단일
	19	火		8	甲申	익(翼)	집(執)	九紫	해(害)	주(廚)	대공망일
상공의 날	20	水		9	乙酉	진(軫)	파(破)	一白	천(天)	부(婦)	천적·월파일

● 춘분(春分) 오후 8시 2분, 음력 2월의 중기

	21	木		10	丙戌	각(角)	위(危)	二黑	이(利)	조(竈)	
물의 날	22	金		11	丁亥	항(亢)	성(成)	三碧	안(安)	제(第)	
기상의 날	23	土	춘사	12	戊子	저(氐)	수(收)	四綠	재(災)	옹(翁)	
	24	日		13	己丑	방(房)	개(開)	五黃	사(師)	당(堂)	
	25	月		14	庚寅	심(心)	폐(閉)	六白	부(富)	고(姑)	월기일
	26	火		15	辛卯	미(尾)	건(建)	七赤	살(殺)	부(夫)	
	27	水		16	壬辰	기(箕)	제(除)	八白	해(害)	주(廚)	대공망일·복단·수사일
	28	木		17	癸巳	두(斗)	만(滿)	九紫	천(天)	부(婦)	대공망일
	29	金		18	甲午	우(牛)	평(平)	一白	이(利)	조(竈)	대공망일
	30	土		19	乙未	여(女)	정(定)	二黑	안(安)	제(第)	
	31	日		20	丙申	허(虛)	집(執)	三碧	재(災)	옹(翁)	

음력 { 정월 20일부터 / 2월 20일까지 }　　二月 九星

九紫	五黃	七赤
八白	一白	三碧
四綠	六白	二黑

양력	요일	음력	3월중 행사에 대한 유리·불리 〔【 】안은 불리한 행사〕	간지
1	金	20	불공, 약혼식, 민원신청, 회의개최, 손님초대, 질병치료 시작, 장담그기, 옷맞추기	丙寅
2	土	21	어린이 젖떼기와 어른 담배 끊기 시작 •복단일이 되어 그 외의 행사는 불리함	丁卯
3	㊐	22	•이날은 천적일(天賊日)이 되어 중요성 있는 행사는 모두 불리함	戊辰
4	月	23	이사, 회의개최, 손님초대, 건축 및 집수리 시작, 상량식, 개업, 벌목【장례행사】	己巳
5	火	24	경칩(驚蟄) : 음 2월절　여행, 약혼식, 민원서 제출, 건축 및 집수리 착수	庚午

(二月節) 이날부터 乙卯月의 월건(月建) 적용

양력	요일	음력	내용	간지
6	水	25	제사, 여행, 이사, 회의개최, 손님초대, 청탁, 민원서 제출【수술, 소송, 장례행사】	辛未
7	木	26	제사, 고사, 여행, 약혼식, 수금, 입찰 참여【소송, 입학, 등반, 행선, 결혼식】	壬申
8	金	27	•이날은 천적, 월파일(月破日)이 되어 중요성 있는 행사는 불리함	癸酉
9	土	28	•이날은 복단일(伏斷日)이 되어 단절하는 일에만 유리하고 그 외는 불리함	甲戌
10	㊐	29	고사, 여행, 약혼식, 필요한 물품 구하는 일, 개업, 회의개최【결혼식, 소송, 장례행사】	乙亥
11	月	30	고사, 이사, 약혼식, 결혼식, 수금, 남의 식구 들이는 일, 건축 및 집수리 착수, 계약체결	丙子
12	火	2/1	여행, 이사, 새집들이, 약혼식, 민원서 제출, 남의 식구 들이는 일, 개업, 상거래 시작	丁丑
13	水	2	불공, 불필요한 출입문과 도로의 폐쇄 차단【여행, 이사, 회의개최, 개방, 출품】	戊寅
14	木	3	제사, 여행, 이사, 새집들이, 약혼식, 결혼식, 회의개최, 손님초대, 개업, 벌목	己卯
15	金	4	고기잡이, 수렵, 살충제 살포 •이날은 수사일(受死日)이 되어 그 외 행사는 불리함	庚辰
16	土	5	입학, 물품반입, 회의개최, 손님초대, 청탁, 계약체결, 매매, 옷맞추기【장례행사】	辛巳
17	㊐	6	제사, 고사, 여행, 이사, 창작품 전시, 계약체결, 매매, 복약, 상량식	壬午
18	月	7	어린이 젖떼기와 어른 담배 끊기 시작, 화장실 수리【고사, 이사, 결혼식, 개업】	癸未
19	火	8	제사, 여행, 약혼식, 결혼식, 수금, 청탁, 건축 및 집수리 시작, 상량식, 계약체결	甲申
20	水	9	춘분(春分) : 음 2월중 •이날은 월파일(月破日)이 되어 매사 불리함	乙酉

(二月中)

양력	요일	음력	내용	간지
21	木	10	제사, 민원서 제출, 입학, 옷맞추기, 파종【여행, 이사, 결혼식, 연회, 선축, 등산】	丙戌
22	金	11	제사, 입학, 옷맞추기, 파종【여행, 이사, 결혼식, 연회, 행선, 건축 및 집수리 시작】	丁亥
23	土	12	불공, 약혼식, 결혼식, 수금, 반출품 회수, 옷맞추기, 벌목【이사, 여행, 출품】	戊子
24	㊐	13	여행, 이사, 약혼식, 손님초대, 복약의 시작, 개업, 상품광고【제사, 고사, 건축】	己丑
25	月	14	불필요한 출입문 및 도로의 폐쇄 •폐일(閉日)이 되어 그 외는 불리함	庚寅
26	火	15	제사, 고사, 여행, 합의보는 일, 약정, 대청소, 인원 보충【건축, 수리, 장례행사】	辛卯
27	水	16	•이날은 수사(受死)에 복단일(伏斷日)이 되어 유리한 행사가 없음	壬辰
28	木	17	고사, 이사, 약 복용의 시작, 수금, 물품반입, 계약, 매매【여행, 소송, 행선, 장례행사】	癸巳
29	金	18	제사, 고사, 여행, 이사, 약혼식, 결혼식, 민원서 제출, 생산품 출시【등산, 행선】	甲午
30	土	19	제사, 고사, 여행, 이사, 약혼식, 결혼식, 약정, 회의개최, 건축 및 집수리 시작	乙未
31	㊐	20	제사, 고사, 여행, 약혼식, 결혼식, 필요한 사람 구하는 일, 옷맞추기, 파종	丙申

서기 2013년
단기 4346년

계사(癸巳) 四月小 (30일)

경축·기념일	양(일)	요일	음 月之大小	음력일자	간지	이십팔수	십이직(十二直)	구성(九星)	이사주당	혼인주당	주요 신살(主要神殺)
	1	月		21	丁酉	위(危)	파(破)	四綠	사(師)	당(堂)	천적·월파일
	2	火		22	戊戌	실(室)	위(危)	五黃	부(富)	고(姑)	
	3	水		23	己亥	벽(壁)	성(成)	六白	살(殺)	부(夫)	복단일·월기일
	4	木		24	庚子	규(奎)	수(收)	七赤	해(害)	주(廚)	
식 목 일 향토예비군의 날	5	金	한 식	25	辛丑	누(婁)	수(收)	八白	천(天)	부(婦)	하괴일

● **청명(淸明)** 오전 0시 2분, 음력 3월의 절기

경축·기념일	양(일)	요일	음 月之大小	음력일자	간지	이십팔수	십이직	구성	이사주당	혼인주당	주요 신살
	6	土		26	壬寅	위(胃)	개(開)	九紫	이(利)	조(竈)	대공망일·천적
보건의 날	7	㊐		27	癸卯	묘(昴)	폐(閉)	一白	안(安)	제(第)	대공망일
	8	月		28	甲辰	필(畢)	건(建)	二黑	재(災)	옹(翁)	
	9	火		29	乙巳	자(觜)	제(除)	三碧	사(師)	당(堂)	
	10	水	三月大	1	丙午	삼(參)	만(滿)	四綠	안(安)	부(夫)	
	11	木		2	丁未	정(井)	평(平)	五黃	이(利)	고(姑)	천강일
	12	金	삼짇날	3	戊申	귀(鬼)	정(定)	六白	천(天)	당(堂)	복단일
임시정부 수립기념일	13	土		4	己酉	유(柳)	집(執)	七赤	해(害)	옹(翁)	
	14	㊐		5	庚戌	성(星)	파(破)	八白	살(殺)	제(第)	월파일·월기일
	15	月		6	辛亥	장(張)	위(危)	九紫	부(富)	조(竈)	수사일
	16	火		7	壬子	익(翼)	성(成)	一白	사(師)	부(婦)	대공망일
	17	水	토왕용사	8	癸丑	진(軫)	수(收)	二黑	재(災)	주(廚)	하괴일
	18	木		9	甲寅	각(角)	개(開)	三碧	안(安)	부(夫)	천적
4·19혁명기념일	19	金		10	乙卯	항(亢)	폐(閉)	四綠	이(利)	고(姑)	
장애인의 날	20	土		11	丙辰	저(氐)	건(建)	五黃	천(天)	당(堂)	

● **곡우(穀雨)** 오전 7시 3분, 음력 3월의 중기

경축·기념일	양(일)	요일	음 月之大小	음력일자	간지	이십팔수	십이직	구성	이사주당	혼인주당	주요 신살
과학의 날	21	㊐		12	丁巳	방(房)	제(除)	六白	해(害)	옹(翁)	복단일
정보통신의 날	22	月		13	戊午	심(心)	만(滿)	七赤	살(殺)	제(第)	
	23	火		14	己未	미(尾)	평(平)	八白	부(富)	조(竈)	천강일·월기일
	24	水		15	庚申	기(箕)	정(定)	九紫	사(師)	부(婦)	
법의 날	25	木		16	辛酉	두(斗)	집(執)	一白	재(災)	주(廚)	
	26	金		17	壬戌	우(牛)	파(破)	二黑	안(安)	부(夫)	월파일
	27	土		18	癸亥	여(女)	위(危)	三碧	이(利)	고(姑)	수사일
충무공탄신일	28	㊐	陽遁下元	19	甲子	허(虛)	성(成)	四綠	천(天)	당(堂)	복단일
	29	月		20	乙丑	위(危)	수(收)	五黃	해(害)	옹(翁)	대공망일·하괴일
	30	火		21	丙寅	실(室)	개(開)	六白	살(殺)	제(第)	복단일·천적

음력 { 2월 21일부터 3월 21일까지   三月 九星

八白	四綠	六白
七赤	九紫	二黑
三碧	五黃	一白

양력	요일	음력	4월중 행사에 대한 유리·불리 【 】안은 불리한 행사	간지
1	月	21	• 이날은 천적(天賊), 월파(月破), 피마살(披麻殺)이 함께 들어 백사 불리함	丁酉
2	火	22	• 이날은 길신이 없고 월살(月殺), 온황살 등 흉신만 들어 모든 행사에 꺼림	戊戌
3	水	23	화장실 수리, 어린이 젖떼기와 어른 담배 끊기 시작【여행, 이사, 결혼식】	己亥
4	木	24	고사, 여행, 민원서 제출, 작품 전시, 수금, 계약체결, 매매, 파종【이사, 결혼식, 흙다루기】	庚子
5	金	25	청명(淸明) : 음 3월절 • 이날은 하괴(河魁), 흑도일(黑道日)이 되어 매사 불리함	辛丑

(三月節) 이날부터 丙辰月의 월건(月建) 적용

6	土	26	• 이날은 백사 불리의 천적일(天賊日)에 해당, 중요성 있는 행사는 불리함	壬寅
7	日	27	불공, 약혼식, 계약, 폐쇄하는 일【여행, 이사, 상품선전, 작품 전시, 결혼식, 회의개최】	癸卯
8	月	28	고사, 여행, 입학, 민원서 제출, 옷맞추기, 파종【이사, 건축 및 수리, 문병】	甲辰
9	火	29	제사, 이사, 새집들이, 약혼식, 결혼식, 인허가 신청【여행, 사람 들이기, 장례행사】	乙巳
10	水	3/1	제사, 여행, 이사, 약혼식, 인허가 신청, 필요한 사람 구하는 일【결혼식, 행선, 집수리】	丙午
11	木	2	• 이날은 흑도일(黑道日)에 천강살(天罡殺)을 만나 유리한 행사가 없음	丁未
12	金	3	• 이날은 왕망(往亡), 월파(月破), 토기일(土忌日)이 되어 매사 불리함	戊申
13	土	4	제사, 여행, 입양(양자 들이는 것), 상량식, 옷맞추기【이사, 결혼식, 회의개최, 연회】	己酉
14	日	5	낡아 못쓰는 건축물 헐기, 수술받기【고사, 여행, 이사, 약혼, 회의개최, 약정, 건축】	庚戌
15	月	6	고기잡이와 살충제 살포 • 이날은 수사(受死)에 위일(危日)이 되어 기타는 불리	辛亥
16	火	7	고사, 여행, 남의 식구 들이는 일, 계약, 상거래 트기【이사, 결혼식, 건축 및 집수리 시작】	壬子
17	水	8	【고사, 제사, 여행, 이사, 새집들이, 결혼식, 고소장 제출, 입산, 건축 및 집수리 시작】	癸丑
18	木	9	• 이날은 길신이 많으나 천적일(天賊日)이 되어 마땅한 행사가 없음	甲寅
19	金	10	불필요한 출입문과 도로의 폐쇄 차단【고사, 여행, 이사, 약혼식, 결혼식, 출품, 방문, 면회】	乙卯
20	土	11	곡우(穀雨) : 음 3월중 제사, 여행, 이사, 회의개최, 손님초대, 집수리 시작	丙辰

(三月中)

21	日	12	화장실 수리, 어린이 젖떼기 시작 • 이날은 복단일이 되어 다른 행사는 마땅치 않음	丁巳
22	月	13	제사, 물품반입, 필요한 인원 구하기, 인허가 신청【이사, 결혼식, 흙다루기, 행선】	戊午
23	火	14	제사, 계약체결, 상거래 트기, 벌목, 파종【여행, 이사, 새집들이, 결혼식, 복약, 건축】	己未
24	水	15	이사, 약정, 회의개최, 타협, 경로행사, 개업【여행, 결혼식, 고소장 제출, 등반】	庚申
25	木	16	제사, 불공, 여행, 약혼식, 민원서 제출, 약 복용의 시작, 남의 식구 들이는 일, 계약	辛酉
26	金	17	• 이날은 흑도일에 월파일(月破日)이 되어 중요성 있는 행사는 불리함	壬戌
27	土	18	• 이날은 위일(危日)에 수사일이 되어 유리한 행사가 없음	癸亥
28	日	19	화장실 수리, 어린이 젖떼기 시작【고사, 여행, 이사, 결혼식, 면회, 건축 및 수리】	甲子
29	月	20	• 이날은 흑도일(黑道日)에 하괴(河魁)가 같이 있어 중요성 있는 행사는 불리함	乙丑
30	火	21	• 이날은 천적(天賊), 복단일(伏斷日)이 되어 유리한 행사가 없음	丙寅

서기 2013년
단기 4346년

계사(癸巳) 五月大(31일)

경축·기념일	양력(일)	요일	음 月之大小	음력 일자	간지	이십 팔수	십이직 (十二直)	구성 (九星)	이사 주당	혼인 주당	주요 신살 (主要神殺)
근로자의 날	1	水		22	丁卯	벽(壁)	폐(閉)	七赤	부(富)	조(竈)	
	2	木		23	戊辰	규(奎)	건(建)	八白	사(師)	부(婦)	월기일
	3	金		24	己巳	누(婁)	제(除)	九紫	재(災)	주(廚)	
	4	土		25	庚午	위(胃)	만(滿)	一白	안(安)	부(夫)	
어린이 날	5	㊐		26	辛未	묘(昴)	만(滿)	二黑	이(利)	고(姑)	천적
	● 입하(立夏) 오후 5시 18분, 음력 4월의 절기											
	6	月		27	壬申	필(畢)	평(平)	三碧	천(天)	당(堂)	
	7	火		28	癸酉	자(觜)	정(定)	四綠	해(害)	옹(翁)	복단일
어버이 날	8	水		29	甲戌	삼(參)	집(執)	五黃	살(殺)	제(第)	대공망일
	9	木		30	乙亥	정(井)	파(破)	六白	부(富)	조(竈)	대공망일·월파일
	10	金	四月大	1	丙子	귀(鬼)	위(危)	七赤	안(安)	부(夫)	
입양의 날	11	土		2	丁丑	유(柳)	성(成)	八白	이(利)	고(姑)	
	12	㊐		3	戊寅	성(星)	수(收)	九紫	천(天)	당(堂)	천강일
	13	月		4	己卯	장(張)	개(開)	一白	해(害)	옹(翁)	
	14	火		5	庚辰	익(翼)	폐(閉)	二黑	살(殺)	제(第)	월기일
스승의 날	15	水		6	辛巳	진(軫)	건(建)	三碧	부(富)	조(竈)	수사일
	16	木		7	壬午	각(角)	제(除)	四綠	사(師)	부(婦)	복단일
석가탄신일	17	金		8	癸未	항(亢)	만(滿)	五黃	재(災)	주(廚)	대공망일·천적
5·18민주화운동기념일	18	土		9	甲申	저(氐)	평(平)	六白	안(安)	부(夫)	대공망일·하괴일
발명의 날	19	㊐		10	乙酉	방(房)	정(定)	七赤	이(利)	고(姑)	
성년의 날	20	月		11	丙戌	심(心)	집(執)	八白	천(天)	당(堂)	
부부의 날	21	火		12	丁亥	미(尾)	파(破)	九紫	해(害)	옹(翁)	월파일
	● 소만(小滿) 오전 6시 9분, 음력 4월의 중기											
	22	水		13	戊子	기(箕)	위(危)	一白	살(殺)	제(第)	
	23	木		14	己丑	두(斗)	성(成)	二黑	부(富)	조(竈)	복단일·월기일
	24	金		15	庚寅	우(牛)	수(收)	三碧	사(師)	부(婦)	천강일
방재의 날	25	土		16	辛卯	여(女)	개(開)	四綠	재(災)	주(廚)	복단일
	26	㊐		17	壬辰	허(虛)	폐(閉)	五黃	안(安)	부(夫)	대공망일
	27	月		18	癸巳	위(危)	건(建)	六白	이(利)	고(姑)	대공망일·수사일
	28	火		19	甲午	실(室)	제(除)	七赤	천(天)	당(堂)	
	29	水		20	乙未	벽(壁)	만(滿)	八白	해(害)	옹(翁)	천적
	30	木		21	丙申	규(奎)	평(平)	九紫	살(殺)	제(第)	하괴일
바다의 날	31	金		22	丁酉	누(婁)	정(定)	一白	부(富)	조(竈)	

음력 { 3월 22일부터
        4월 22일까지 }

四月 九星

七赤	三碧	五黄
六白	八白	一白
二黒	四緑	九紫

양력	요일	음력	5월중 행사에 대한 유리·불리〔【 】안은 불리한 행사〕	간지
1	水	22	제사, 약혼식, 장담그기, 옷맞추기【여행, 이사, 결혼식, 연회, 수술받기, 건축과 수리】	丁卯
2	木	23	제사, 여행, 이사, 청탁, 상량식, 집수리 시작【약혼식, 결혼식, 입산, 등반, 행선】	戊辰
3	金	24	고사, 약혼식, 건축 및 집수리 착수, 옷맞추기, 벌목【이사, 결혼식, 사람들이기, 장례행사】	己巳
4	土	25	불공, 여행【이사, 결혼식, 약혼식, 회의개최, 손님초대, 건축 및 집수리 시작】	庚午
5	㊐	26	입하(立夏) : 음 4월절 •이날은 천적일(天賊日)에 해당 매사에 불리함	辛未
			(四月節) 이날부터 丁巳月의 월건(月建) 적용	
6	月	27	제사, 고소장·탄원서·진정서 등의 제출, 복약, 회의개최, 협약【결혼식】	壬申
7	火	28	어린이 젖떼기 시작, 화장실 수리【고사, 여행, 이사, 결혼식, 청탁, 손님초대】	癸酉
8	水	29	제사, 불공, 여행, 입학, 계약체결, 상거래 시작, 옷맞추기, 벌목【결혼식】	甲戌
9	木	30	불필요한 건축물 헐기, 약정의 취소, 수술받기【여행, 이사, 결혼식, 회의개최】	乙亥
10	金	4/1	고사, 입학, 계약체결, 매물 전시【여행, 이사, 결혼식, 등반, 행선, 수술받기】	丙子
11	土	2	제사, 고사, 여행, 약혼식, 결혼식, 모임결성, 손님초대, 상거래 시작, 파종	丁丑
12	㊐	3	•이날은 흑도일(黑道日)에 천강일(天罡日)이 되어 유리한 행사 없음	戊寅
13	月	4	여행, 약혼식, 합의보는 일, 청탁, 질병치료, 건축 및 집수리 시작, 개업	己卯
14	火	5	제사, 계약체결, 불필요한 출입문이나 도로의 폐쇄, 귀중품 은닉, 폐쇄	庚辰
15	水	6	고기잡이, 수렵, 살충제 살포【고사, 여행, 이사, 결혼식, 등반, 행선, 수술받기】	辛巳
16	木	7	화장실 수리와 어린이 젖떼기 시작【고사, 여행, 이사, 약혼식, 결혼식, 회의개최】	壬午
17	金	8	•이날은 천적일(天賊日)이 되어 어떤 행사를 막론하고 좋지 않음	癸未
18	土	9	제사, 여행, 입학, 보약 복용의 시작, 건축 및 집수리 시작, 상량식, 매매	甲申
19	㊐	10	제사, 건강을 위한 요양에 들어가는 일, 옷맞추기, 벌목【결혼식, 손님초대】	乙酉
20	月	11	제사, 여행, 이사, 약혼식, 복약, 건축을 위한 기초작업 시작, 옷맞추기, 파종	丙戌
21	火	12	소만(小滿) : 음 4월중【여행, 이사, 약혼식, 결혼식, 모임결성, 건축】	丁亥
			(四月中)	
22	水	13	•이날은 길신이 하나도 없으므로 유리한 행사도 없으나 위태로운 일은 불리함	戊子
23	木	14	화장실 수리, 어린이 젖떼기 시작【고사, 여행, 이사, 결혼식, 민원신청, 연회】	己丑
24	金	15	수금, 민원서 제출, 입학, 경로행사, 반출품 회수【제사, 여행, 건축, 흙다루기】	庚寅
25	土	16	•복단일이 되어 고사, 여행, 이사, 약혼식, 회합, 개업, 건축 등에 모두 불리함	辛卯
26	㊐	17	고사, 장기적인 복약의 시작, 폐쇄하는 일【여행, 이사, 결혼식, 출품, 개업】	壬辰
27	月	18	약혼식, 입학, 고기잡이, 살충제 살포, 계약체결【결혼식, 여행, 소송, 장례행사】	癸巳
28	火	19	제사, 고사, 여행, 민원서 제출, 회의개최, 손님초대, 장담그기, 건축 및 집수리 시작	甲午
29	水	20	•이날은 황도, 대명(大明) 등 좋은 길신이 있으나 천적일이 되어 불리함	乙未
30	木	21	제사, 불공, 입학, 민원서 제출, 작품 전시, 약정, 복약의 시작【이사, 결혼식, 수술받기】	丙申
31	金	22	제사, 약정, 회의개최, 타협보는 일【손님초대, 고소장 제출, 건축 및 수리】	丁酉

서기 2013년
단기 4346년

계사(癸巳) 六月小 (30일)

경축·기념일	양력(일)	요일	음 月之大小	음력일자	간지	이십팔수	십이직(十二直)	구성(九星)	이사주당	혼인주당	주요 신살(主要神殺)
	1	土		23	戊戌	위(胃)	집(執)	二黑	사(師)	부(婦)	복단일·월기일
	2	㊐		24	己亥	묘(昴)	파(破)	三碧	재(災)	주(廚)	월파일
	3	月		25	庚子	필(畢)	위(危)	四綠	안(安)	부(夫)	
	4	火		26	辛丑	자(觜)	성(成)	五黃	이(利)	고(姑)	
환경의 날	5	水		27	壬寅	삼(參)	성(成)	六白	천(天)	당(堂)	대공망일

● 망종(芒種) 오후 9시 23분, 음력 5월의 절기

경축·기념일	양력(일)	요일	음 月之大小	음력일자	간지	이십팔수	십이직	구성	이사주당	혼인주당	주요 신살
현충일	6	木		28	癸卯	정(井)	수(收)	七赤	해(害)	옹(翁)	대공망일
	7	金		29	甲辰	귀(鬼)	개(開)	八白	살(殺)	제(第)	
	8	土		30	乙巳	유(柳)	폐(閉)	九紫	부(富)	조(竈)	
	9	㊐	五月小	1	丙午	성(星)	건(建)	一白	천(天)	부(婦)	
	10	月		2	丁未	장(張)	제(除)	二黑	이(利)	조(竈)	복단일
	11	火		3	戊申	익(翼)	만(滿)	三碧	안(安)	제(第)	
	12	水		4	己酉	진(軫)	평(平)	四綠	재(災)	옹(翁)	
	13	木	단오절	5	庚戌	각(角)	정(定)	五黃	사(師)	당(堂)	
	14	金		6	辛亥	항(亢)	집(執)	六白	부(富)	고(姑)	
	15	土		7	壬子	저(氐)	파(破)	七赤	살(殺)	부(夫)	대공망일·천적·수사·월파
	16	㊐		8	癸丑	방(房)	위(危)	八白	해(害)	주(廚)	
	17	月		9	甲寅	심(心)	성(成)	九紫	천(天)	부(婦)	
	18	火		10	乙卯	미(尾)	수(收)	一白	이(利)	조(竈)	
	19	水		11	丙辰	기(箕)	개(開)	二黑	안(安)	제(第)	복단일
	20	木		12	丁巳	두(斗)	폐(閉)	三碧	재(災)	옹(翁)	
	21	金		13	戊午	우(牛)	건(建)	四綠	사(師)	당(堂)	

● 하지(夏至) 오후 2시 4분, 음력 5월의 중기

경축·기념일	양력(일)	요일	음 月之大小	음력일자	간지	이십팔수	십이직	구성	이사주당	혼인주당	주요 신살
	22	土		14	己未	여(女)	제(除)	五黃	부(富)	고(姑)	월기일
	23	㊐		15	庚申	허(虛)	만(滿)	六白	살(殺)	부(夫)	
	24	月		16	辛酉	위(危)	평(平)	七赤	해(害)	주(廚)	
6·25사변일	25	火		17	壬戌	실(室)	정(定)	八白	천(天)	부(婦)	
	26	水		18	癸亥	벽(壁)	집(執)	九紫	이(利)	조(竈)	복단일
	27	木	陰遁上元	19	甲子	규(奎)	파(破)	九紫	안(安)	제(第)	천적·수사·월파일
	28	金		20	乙丑	누(婁)	위(危)	八白	재(災)	옹(翁)	대공망일
	29	土		21	丙寅	위(胃)	성(成)	七赤	사(師)	당(堂)	
	30	㊐		22	丁卯	묘(昴)	수(收)	六白	부(富)	고(姑)	

음력 { 4월 23일 부터
5월 22일 까지

五月 九星

六白	二黑	四綠
五黃	七赤	九紫
一白	三碧	八白

양력	요일	음력	6월중 행사에 대한 유리·불리 〔【 】 안은 불리한 행사〕	간지
1	土	23	화장실 수리, 어린이 젖떼기 시작 •이날은 복단일(伏斷日)이 되어 그 외 행사는 불리	戊戌
2	日	24	낡은 건축물 헐기, 질병치료 시작【제사, 고사, 여행, 이사, 결혼식, 건축, 장례행사】	己亥
3	月	25	•이날은 길신이 없는 반면 위일(危日) 등 흉살이 많으므로 유리한 행사 없음	庚子
4	火	26	【고사, 여행, 이사, 약혼식, 결혼식, 회의개최, 침맞고 뜸뜨는 일, 수술받기】	辛丑
5	水	27	망종(芒種) : 음 5월절 수금, 경로행사, 물품 조성【제사, 소송, 건축 및 수리】	壬寅

(五月節) 이날부터 戊午月의 월건(月建) 적용

6	木	28	불공, 약혼식, 결혼식, 수금, 남의 식구 들이는 일, 상거래 시작【여행, 이사】	癸卯
7	金	29	민원서 제출, 입학, 질병치료【제사, 고사, 여행, 이사, 결혼식, 건축 및 집수리 시작】	甲辰
8	土	30	제사, 불필요한 출입문이나 도로의 폐쇄 차단【여행, 이사, 결혼식, 회합, 장례행사】	乙巳
9	日	5/1	제사, 이사, 구직 및 필요한 것 구하는 일, 장담그기【결혼식, 건축 및 수리, 등산】	丙午
10	月	2	•이날은 복단일(伏斷日)이 되어 젖먹이 어린이 젖떼기 시작하는 것만 유리함	丁未
11	火	3	제사, 고사, 여행, 이사, 약혼식, 결혼식, 회의 열어 합의, 수금, 개업, 물품구입	戊申
12	水	4	제사, 여행, 약혼식, 결혼식, 회의개최, 손님초대, 경로행사, 청탁【개 들이는 일】	己酉
13	木	5	제사, 여행, 이사, 약혼식, 질병치료, 민원서 제출【결혼식, 침맞고 뜸뜨기】	庚戌
14	金	6	고사, 필요한 물건 구하는 일, 청탁, 물품반입【결혼식, 이사, 장담그기, 장례행사】	辛亥
15	土	7	•이날은 천적, 수사, 월파 등 대흉살이 한데 모여 만사 불리함	壬子
16	日	8	불공, 약혼식, 결혼식, 청탁【장거리 여행, 등반, 행선, 이사, 수술받기, 고소장 제출】	癸丑
17	月	9	불공, 약혼식, 타협, 손님초대, 계약체결, 매매, 옷맞추기, 파종【제사, 고사, 결혼식】	甲寅
18	火	10	제사, 고사, 이사, 약혼식, 결혼식, 양자 세우는 일, 수금, 매매【여행, 수술, 장례행사】	乙卯
19	水	11	화장실 수리, 어린이 젖떼기 시작【제사, 고사, 여행, 이사, 결혼식, 모임결성, 건축과 수리】	丙辰
20	木	12	•이날은 폐쇄한다는 폐일(閉日)이므로 막고 닫고 폐쇄시키는 것만 무방함	丁巳
21	金	13	하지(夏至) : 음 5월중 제사, 여행, 입학, 민원서 제출【이사, 결혼식】	戊午

(五月中)

22	土	14	제사, 이사, 약혼식, 합의보는 일, 건축 및 집수리 시작, 계약체결, 상거래 시작	己未
23	日	15	여행, 물품반입【제사, 고사, 이사, 결혼식, 건축 및 집수리 시작, 수술받기】	庚申
24	月	16	제사, 고사, 불공, 민원서 제출, 입학, 경로행사【회의개최, 손님초대, 장담그기】	辛酉
25	火	17	제사, 고사, 여행, 약정, 청탁, 회의개최, 손님초대【개 들이는 일, 결혼식, 고소장 제출】	壬戌
26	水	18	어린이 젖떼기, 어른 담배 끊기의 시작 •복단일이 되어 그 외는 모두 불리함	癸亥
27	木	19	•이날은 천적, 월파, 피마(披麻), 수사(受死) 등 흉신만 모였으므로 만사에 불리함	甲子
28	金	20	제사, 불공, 약혼식, 인허가 신청, 입학, 건축과 집수리 시작, 개업, 상량식	乙丑
29	土	21	불공, 약혼식, 결혼식, 물품조성, 회의개최, 합의보는 일, 양자 세우기	丙寅
30	日	22	제사, 이사, 새집들이, 약혼식, 결혼식, 합의보는 일, 수금, 옷맞추기, 파종	丁卯

서기 2013년
단기 4346년

계사(癸巳) 七月大(31일)

경축·기념일	양력(일)	요일	음 月之大小	음력일자	간지	이십팔수	십이직(十二直)	구성(九星)	이사주당	혼인주당	주요 신살(主要神殺)
	1	月		23	戊辰	필(畢)	개(開)	五黃	살(殺)	부(夫)	월기일
	2	火		24	己巳	자(觜)	폐(閉)	四綠	해(害)	주(廚)	
	3	水		25	庚午	삼(參)	건(建)	三碧	천(天)	부(婦)	
	4	木		26	辛未	정(井)	제(除)	二黑	이(利)	조(竈)	
	5	金		27	壬申	귀(鬼)	만(滿)	一白	안(安)	제(第)	복단일
	6	土		28	癸酉	유(柳)	평(平)	九紫	재(災)	옹(翁)	
	7	㊐		29	甲戌	성(星)	평(平)	八白	사(師)	당(堂)	대공망일
●소서(小暑) 오전 7시 34분, 음력 6월의 절기											
	8	月	六月大	1	乙亥	장(張)	정(定)	七赤	안(安)	부(夫)	대공망일
	9	火		2	丙子	익(翼)	집(執)	六白	이(利)	고(姑)	
	10	水		3	丁丑	진(軫)	파(破)	五黃	천(天)	당(堂)	월파일
	11	木		4	戊寅	각(角)	위(危)	四綠	해(害)	옹(翁)	
	12	金		5	己卯	항(亢)	성(成)	三碧	살(殺)	제(第)	월기일
	13	土	초 복	6	庚辰	저(氐)	수(收)	二黑	부(富)	조(竈)	천강일
	14	㊐		7	辛巳	방(房)	개(開)	一白	사(師)	부(婦)	복단일·천적
	15	月		8	壬午	심(心)	폐(閉)	九紫	재(災)	주(廚)	수사일
	16	火		9	癸未	미(尾)	건(建)	八白	안(安)	부(夫)	대공망일
제헌절	17	水		10	甲申	기(箕)	제(除)	七赤	이(利)	고(姑)	대공망일
	18	木		11	乙酉	두(斗)	만(滿)	六白	천(天)	당(堂)	
	19	金	토왕용사	12	丙戌	우(牛)	평(平)	五黃	해(害)	옹(翁)	
	20	土		13	丁亥	여(女)	정(定)	四綠	살(殺)	제(第)	
	21	㊐		14	戊子	허(虛)	집(執)	三碧	부(富)	조(竈)	복단일
	22	月	유두일	15	己丑	위(危)	파(破)	二黑	사(師)	부(婦)	월파일
	23	火	중 복	16	庚寅	실(室)	위(危)	一白	재(災)	주(廚)	복단일
●대서(大暑) 오전 0시 56분, 음력 6월의 중기											
	24	水		17	辛卯	벽(壁)	성(成)	九紫	안(安)	부(夫)	
	25	木		18	壬辰	규(奎)	수(收)	八白	이(利)	고(姑)	대공망일·천강일
	26	金		19	癸巳	누(婁)	개(開)	七赤	천(天)	당(堂)	대공망일·천적
	27	土		20	甲午	위(胃)	폐(閉)	六白	해(害)	옹(翁)	대공망일·수사일
	28	㊐		21	乙未	묘(昴)	건(建)	五黃	살(殺)	제(第)	
	29	月		22	丙申	필(畢)	제(除)	四綠	부(富)	조(竈)	
	30	火		23	丁酉	자(觜)	만(滿)	三碧	사(師)	부(婦)	복단일·월기일
	31	水		24	戊戌	삼(參)	평(平)	二黑	재(災)	주(廚)	

음력 { 5월 23일 부터
6월 24일 까지 }

六月 九星

五黃	一白	三碧
四綠	六白	八白
九紫	二黑	七赤

양력	요일	음력	7월중 행사에 대한 유리·불리 〔【 】안은 불리한 행사〕	간지
1	月	23	여행, 회의개최, 질병치료, 상품선전, 창작품 전시, 개업, 옷맞추기【제사, 이사】	戊辰
2	火	24	출입문 폐쇄와 도로의 차단【여행, 이사, 결혼식, 민원서 제출, 상품선전】	己巳
3	水	25	불공, 여행, 이사, 새집들이, 청탁, 고소장·진정서 등 민원서 제출【결혼식, 건축】	庚午
4	木	26	제사, 여행, 약혼식, 건축 및 집수리 착수, 상량식, 계약, 상거래 트기, 파종	辛未
5	金	27	화장실 수리, 어린이 젖떼기와 담배 끊기 시작【고사, 여행, 이사, 결혼식, 개업】	壬申
6	土	28	제사, 여행, 약혼식, 결혼식, 경로행사, 인허가 신청, 고소장 등 민원서 제출	癸酉
7	㊐	29	소서(小暑) : 음 6월절 제사, 여행, 이사, 건강을 위한 요양, 계약, 벌목	甲戌

(六月節) 이날부터 己未月의 월건(月建) 적용

양력	요일	음력	7월중 행사에 대한 유리·불리 〔【 】안은 불리한 행사〕	간지
8	月	6/1	고사, 여행, 이사, 합의보는 일, 회의개최, 필요한 물건 구하는 일, 손님초대	乙亥
9	火	2	•이날은 길신이 적은 반면에 흉신이 많으므로 유리한 행사가 없음	丙子
10	水	3	건축물·담장 헐기와 원치 않는 약정의 취소【여행, 이사, 결혼식, 개업】	丁丑
11	木	4	불공, 약혼식, 입학, 남의 식구 들이는 일【제사, 결혼식, 수술받기, 행선, 등반】	戊寅
12	金	5	제사, 여행, 모임결성, 경로행사, 회의개최, 손님초대, 건축 및 집수리 착수	己卯
13	土	6	제사, 수금, 반출품 회수, 객지에서의 귀향【새집들이, 결혼식, 수술받기】	庚辰
14	㊐	7	•이날은 천적, 복단일(伏斷日), 천구일(天狗日)에 해당하여 매사에 불리함	辛巳
15	月	8	•이날은 수사(受死), 왕망(往亡) 등 흉신이 많으므로 유리한 행사가 없음	壬午
16	火	9	고사, 여행, 이사, 새집들이, 청탁【결혼식, 건축과 집수리 시작, 복약, 소송】	癸未
17	水	10	제사, 여행, 이사, 약혼식, 결혼식, 계약체결, 건축과 집수리 시작, 매매	甲申
18	木	11	제사, 민원서 제출, 창작품 전시, 옷맞추기, 파종【결혼식, 건축, 손님초대】	乙酉
19	金	12	제사, 진정서·고소장·인허가 신청서 등의 제출【결혼식, 개 들이는 일】	丙戌
20	土	13	제사, 여행, 약혼식, 약정, 회의개최, 손님초대【고사, 결혼식, 장례행사】	丁亥
21	㊐	14	•이날은 복단일, 월기일(月忌日), 귀기일(歸忌日)이라 매사에 불리함	戊子
22	月	15	낡은 건축물 헐기, 원치 않는 약정·약혼의 취소【결혼식, 조성, 합의보는 일】	己丑
23	火	16	대서(大暑) : 음 6월중 •이날은 복단일이 되어 마땅한 행사가 없음	庚寅

(六月中)

양력	요일	음력	7월중 행사에 대한 유리·불리 〔【 】안은 불리한 행사〕	간지
24	水	17	고사, 제사, 여행, 이사, 약혼식, 손님초대, 경로행사, 개업, 계약체결, 매매	辛卯
25	木	18	고사, 이사, 약혼식, 수금, 민원서 제출【여행, 결혼식, 개업, 건축, 수리】	壬辰
26	金	19	•이날은 천구일(天狗日)과 천적일(天賊日)에 해당 유리한 행사 없음	癸巳
27	土	20	•이날은 폐일(閉日)에 수사(受死), 왕망(往亡) 등이 모여 매사에 불리함	甲午
28	㊐	21	제사, 여행, 이사, 입학, 계약체결, 상거래 트기【결혼식, 복약, 건축 및 수리】	乙未
29	月	22	제사, 불공, 여행, 이사, 약혼식, 결혼식, 양자녀 세우는 일, 회의개최, 손님초대	丙申
30	火	23	•이날은 피마살과 복단일(伏斷日)에 해당, 모든 행사에 불리함	丁酉
31	水	24	약혼식, 진정서·고소장·인허가 신청 등, 옷맞추기【결혼식, 건축 및 수리】	戊戌

서기 2013년
단기 4346년

계사(癸巳) 八月大(31일)

경축·기념일	양력(일)	요일	음 月之大小	음력일자	간지	이십팔수	십이직(十二直)	구성(九星)	이사주당	혼인주당	주요 신살(主要神殺)
	1	木		25	己亥	정(井)	정(定)	一白	안(安)	부(夫)	
	2	金		26	庚子	귀(鬼)	집(執)	九紫	이(利)	고(姑)	
	3	土		27	辛丑	유(柳)	파(破)	八白	천(天)	당(堂)	월파일
	4	日		28	壬寅	성(星)	위(危)	七赤	해(害)	옹(翁)	대공망일
	5	月		29	癸卯	장(張)	성(成)	六白	살(殺)	제(第)	대공망일
	6	火		30	甲辰	익(翼)	수(收)	五黃	부(富)	조(竈)	천강일
	7	水	七月小	1	乙巳	진(軫)	수(收)	四綠	천(天)	부(婦)	
	● 입추(立秋) 오후 5시 20분, 음력 7월의 절기											
	8	木		2	丙午	각(角)	개(開)	三碧	이(利)	조(竈)	복단일
	9	金		3	丁未	항(亢)	폐(閉)	二黑	안(安)	제(第)	
	10	土		4	戊申	저(氐)	건(建)	一白	재(災)	옹(翁)	
	11	日		5	己酉	방(房)	제(除)	九紫	사(師)	당(堂)	월기일
	12	月	말복	6	庚戌	심(心)	만(滿)	八白	부(富)	고(姑)	천적
	13	火	칠석	7	辛亥	미(尾)	평(平)	七赤	살(殺)	부(夫)	천강일
	14	水		8	壬子	기(箕)	정(定)	六白	해(害)	주(廚)	대공망일
광복절	15	木		9	癸丑	두(斗)	집(執)	五黃	천(天)	부(婦)	복단일·수사일
	16	金		10	甲寅	우(牛)	파(破)	四綠	이(利)	조(竈)	월파일
	17	土		11	乙卯	여(女)	위(危)	三碧	안(安)	제(第)	복단일
	18	日		12	丙辰	허(虛)	성(成)	二黑	재(災)	옹(翁)	
	19	月		13	丁巳	위(危)	수(收)	一白	사(師)	당(堂)	
	20	火		14	戊午	실(室)	개(開)	九紫	부(富)	고(姑)	월기일
	21	水	백중일	15	己未	벽(壁)	폐(閉)	八白	살(殺)	부(夫)	
	22	木		16	庚申	규(奎)	건(建)	七赤	해(害)	주(廚)	
	23	金		17	辛酉	누(婁)	제(除)	六白	천(天)	부(婦)	
	● 처서(處暑) 오전 8시 2분, 음력 7월의 중기											
	24	土		18	壬戌	위(胃)	만(滿)	五黃	이(利)	조(竈)	복단일·천적
	25	日		19	癸亥	묘(昴)	평(平)	四綠	안(安)	제(第)	천강일
	26	月	陰遁中元	20	甲子	필(畢)	정(定)	三碧	재(災)	옹(翁)	
	27	火		21	乙丑	자(觜)	집(執)	二黑	사(師)	당(堂)	대공망일·수사일
	28	水		22	丙寅	삼(參)	파(破)	一白	부(富)	고(姑)	월파일
	29	木		23	丁卯	정(井)	위(危)	九紫	살(殺)	부(夫)	월기일
	30	金		24	戊辰	귀(鬼)	성(成)	八白	해(害)	주(廚)	
	31	土		25	己巳	유(柳)	수(收)	七赤	천(天)	부(婦)	

음력 {6월 25일부터 / 7월 25일까지}　　　七月 九星

四綠	九紫	二黒
三碧	五黄	七赤
八白	一白	六白

양력	요일	음력	8월중 행사에 대한 유리·불리〔【 】안은 불리한 행사〕	간지
1	木	25	제사, 여행, 이사, 회의개최, 타협, 손님초대, 약정, 건축의 착수, 상량식, 장례행사	己亥
2	金	26	【제사, 고사, 여행, 이사, 약혼식, 결혼식, 행선, 문병, 침맞고 뜸뜨는 일, 흙다루기】	庚子
3	土	27	• 이날은 월파일(月破日)과 십악일(十惡日)이 함께 있어서 매사 불리	辛丑
4	㊐	28	약혼식, 결혼식, 회의개최, 손님초대, 민원서 제출, 입학, 개업【이사, 여행, 행선, 등반】	壬寅
5	月	29	불공, 여행, 약혼식, 결혼식, 모임결성, 회의개최, 손님초대, 경로행사, 개업, 파종	癸卯
6	火	30	남의 식구 들이는 일, 수금, 질병치료 시작【고사, 여행, 이사, 결혼식, 건축 및 수리, 행선】	甲辰
7	水	7/1	입추(立秋) : 음 7월절　제사, 이사, 약혼식, 결혼식, 회의개최, 수금	乙巳

(七月節) 이날부터 庚申月의 월건(月建) 적용

양력	요일	음력	8월중 행사에 대한 유리·불리〔【 】안은 불리한 행사〕	간지
8	木	2	어린이 젖떼기와 담배 끊기 시작, 화장실 수리【고사, 이사, 결혼식, 건축 및 수리 시작】	丙午
9	金	3	제사, 약혼식, 질병치료, 출입문 폐쇄와 도로의 차단【여행, 회의개최, 개업, 면회】	丁未
10	土	4	여행, 대청소【고사, 이사, 결혼식, 건축 및 집수리 시작】	戊申
11	㊐	5	제사, 민원서(고소장·인허가 신청서 등) 제출, 약 복용의 시작, 계약체결, 매매	己酉
12	月	6	• 이날은 모창, 황도, 천은 등 길신이 많으나 단 천적일이 되어 매사 불리함	庚戌
13	火	7	• 이날은 흑도일(黑道日)에 천강살(天罡殺)이 들어 중요성 있는 행사는 불리함	辛亥
14	水	8	고사, 여행, 약혼식, 회의개최, 손님초대, 타협, 인허가 신청, 개업, 건축 및 집수리	壬子
15	木	9	• 이날은 귀기(歸忌), 수사(受死), 복단일(伏斷日)에 해당 매사 불리함	癸丑
16	金	10	낡은 건축물 헐기【고사, 여행, 이사, 약혼식, 결혼식, 민원서 제출, 모임결성, 건축 시작】	甲寅
17	土	11	화장실 수리와 어린이 젖떼기 시작 • 이날은 복단일이 되어 그 외 행사는 불리함	乙卯
18	㊐	12	제사, 고사, 여행, 약혼식, 회의개최, 계약체결, 남의 식구 들이는 일【결혼식, 이사, 장례행사】	丙辰
19	月	13	이사, 새집들이, 회의개최, 합의보는 일, 건강을 위한 요양의 시작, 목욕【제사, 고사】	丁巳
20	火	14	회의개최, 손님초대, 구직【제사, 고사, 여행, 이사, 결혼식, 건축 및 집수리 시작】	戊午
21	水	15	계약체결, 벌목, 질병치료, 불필요한 출입문 및 도로의 차단【여행, 연회, 출품, 개업】	己未
22	木	16	여행, 입학, 민원서 제출, 작품 전시, 대청소【이사, 결혼식, 침맞고 뜸뜨는 일】	庚申
23	金	17	처서(處暑) : 음 7월중　【고사, 이사, 결혼식, 수술받기, 출품, 연회, 개업, 여행】	辛酉

(七月中)

양력	요일	음력	8월중 행사에 대한 유리·불리〔【 】안은 불리한 행사〕	간지
24	土	18	• 이날은 천적일(天賊日), 복단일(伏斷日)이 되어 모든 일에 불리함	壬戌
25	㊐	19	고사【여행, 이사, 약혼식, 결혼식, 회의개최, 모임결성, 고소장 제출, 장례행사】	癸亥
26	月	20	제사, 고사, 여행, 약혼식, 결혼식, 회의개최, 손님초대, 모임결성, 건축 및 수리	甲子
27	火	21	제사, 불공, 민원서 제출, 개업, 옷맞추기【이사, 약혼식, 결혼식, 연회, 건축 및 수리】	乙丑
28	水	22	낡은 건축물 헐기, 수술받기, 약정의 취소【제사, 고사, 여행, 이사, 결혼식, 언약】	丙寅
29	木	23	제사, 민원서 제출, 작품 전시, 청탁, 옷맞추기, 목욕, 파종【입산, 등반, 결혼식】	丁卯
30	金	24	제사, 여행, 모임결성, 회의개최, 손님초대, 청탁【이사, 결혼식, 고소장 제출】	戊辰
31	土	25	이사, 새집들이, 수금, 질병치료, 회의개최, 손님초대, 개업, 파종【장례행사】	己巳

서기 2013년
단기 4346년

계사(癸巳) 九月小 (30일)

경축·기념일	양력(일)	요일	음 月之大小	음력일자	간지	이십팔수	십이직 (十二直)	구성 (九星)	이사주당	혼인주당	주요 신살 (主要神殺)
	1	日		26	庚午	성(星)	개(開)	六白	이(利)	조(竈)	
	2	月		27	辛未	장(張)	폐(閉)	五黃	안(安)	제(第)	복단일
	3	火		28	壬申	익(翼)	건(建)	四綠	재(災)	옹(翁)	
	4	水		29	癸酉	진(軫)	제(除)	三碧	사(師)	당(堂)	
	5	木	八月大	1	甲戌	각(角)	만(滿)	二黑	안(安)	부(夫)	대공망일·천적
	6	金		2	乙亥	항(亢)	평(平)	一白	이(利)	고(姑)	대공망일·천강일
사회복지의 날	7	土		3	丙子	저(氐)	평(平)	九紫	천(天)	당(堂)	

● 백로(白露) 오후 8시 16분, 음력 8월의 절기

	8	日		4	丁丑	방(房)	정(定)	八白	해(害)	옹(翁)	
	9	月		5	戊寅	심(心)	집(執)	七赤	살(殺)	제(第)	월기일
	10	火		6	己卯	미(尾)	파(破)	六白	부(富)	조(竈)	천적·월파일
	11	水		7	庚辰	기(箕)	위(危)	五黃	사(師)	부(婦)	복단일
	12	木		8	辛巳	두(斗)	성(成)	四綠	재(災)	주(廚)	
	13	金		9	壬午	우(牛)	수(收)	三碧	안(安)	부(夫)	
	14	土		10	癸未	여(女)	개(開)	二黑	이(利)	고(姑)	대공망일·수사일
	15	日		11	甲申	허(虛)	폐(閉)	一白	천(天)	당(堂)	대공망일
	16	月		12	乙酉	위(危)	건(建)	九紫	해(害)	옹(翁)	대공망일
	17	火		13	丙戌	실(室)	제(除)	八白	살(殺)	제(第)	
철도의 날·추석연휴	18	水		14	丁亥	벽(壁)	만(滿)	七赤	부(富)	조(竈)	복단일·월기일
추 석	19	木	추 사	15	戊子	규(奎)	평(平)	六白	사(師)	부(婦)	
추석 연휴	20	金		16	己丑	누(婁)	정(定)	五黃	재(災)	주(廚)	
	21	土		17	庚寅	위(胃)	집(執)	四綠	안(安)	부(夫)	
	22	日		18	辛卯	묘(昴)	파(破)	三碧	이(利)	고(姑)	천적·월파일
	23	月		19	壬辰	필(畢)	위(危)	二黑	천(天)	당(堂)	대공망일

● 추분(秋分) 오전 5시 44분, 음력 8월의 중기

	24	火		20	癸巳	자(觜)	성(成)	一白	해(害)	옹(翁)	대공망일
	25	水		21	甲午	삼(參)	수(收)	九紫	살(殺)	제(第)	대공망일
	26	木		22	乙未	정(井)	개(開)	八白	부(富)	조(竈)	수사일
	27	金		23	丙申	귀(鬼)	폐(閉)	七赤	사(師)	부(婦)	복단일·월기일
	28	土		24	丁酉	유(柳)	건(建)	六白	재(災)	주(廚)	
	29	日		25	戊戌	성(星)	제(除)	五黃	안(安)	부(夫)	
	30	月		26	己亥	장(張)	만(滿)	四綠	이(利)	고(姑)	

음력 {7월 26일부터 / 8월 26일까지}   **八月 九星**

三碧	八白	一白
二黑	四綠	六白
七赤	九紫	五黃

양력	요일	음력	9월중 행사에 대한 유리·불리〔【 】안은 불리한 행사〕	간지
1	㊐	26	여행, 신상품 선전 광고, 개업, 연회, 회의개최【이사, 결혼식, 제사, 고사, 행선】	庚午
2	月	27	•이날은 복단일(伏斷日-단절됨)과 폐일(닫힘)이 되어 매사 이롭지 못함	辛未
3	火	28	제사, 고사, 여행, 약혼식, 민원서 제출, 작품 전시, 남의 식구 들이는 일, 벌목, 목욕	壬申
4	水	29	제사, 민원서 제출, 청탁, 목욕, 개업【여행, 이사, 결혼식, 회합, 질병치료의 시작, 흙다루기】	癸酉
5	木	8/1	•이날은 매사 불리의 천적일(天賊日)이 되어 유리한 행사가 없음	甲戌
6	金	2	고사, 벌목, 파종【여행, 이사, 새집들이, 약혼식, 결혼식, 연회, 건축 및 수리, 장례행사】	乙亥
7	土	3	백로(白露) : 음 8월절 고사, 결혼식, 계약체결, 상거래 시작【건축 및 수리】	丙子

(八月節) 이날부터 辛酉月의 월건(月建) 적용

8	㊐	4	제사, 고사, 여행, 약혼식, 결혼식, 회의 열어 합의보는 일, 건축 및 집수리 시작, 파종	丁丑
9	月	5	불공, 약혼식, 결혼식, 남의 식구 들이는 일, 집수리 시작【제사, 고사, 이사, 개업, 행선】	戊寅
10	火	6	•이날은 천적(天賊), 월파(月破), 피마살(披麻殺)이 들어 유리한 행사가 없음	己卯
11	水	7	•이날은 복단일(伏斷日)과 월살일(月殺日)이 되어 유리한 행사가 없음	庚辰
12	木	8	단체 결성, 작품 조성, 합의보는 일, 취임, 손님초대, 계약체결【여행, 장례행사】	辛巳
13	金	9	제사, 고사, 이사, 약혼식, 청탁, 수금, 건축 및 집수리 시작, 계약체결, 상거래 트기	壬午
14	土	10	살충제 살포【제사, 고사, 여행, 이사, 결혼식, 소송, 복약, 건축 및 수리 시작, 개업】	癸未
15	㊐	11	제사, 불필요한 출입문과 도로의 폐쇄【여행, 이사, 결혼식, 회의개최, 개업】	甲申
16	月	12	제사, 불공, 약혼식, 계약체결, 대청소, 옷맞추기, 파종【건축 및 수리, 회의개최】	乙酉
17	火	13	제사, 여행, 약혼식, 민원서 제출, 장기적인 약 복용의 시작, 파종【이사, 결혼식, 개업】	丙戌
18	水	14	•이날은 추석 명절 전날로 연휴이므로 행사의 유리 불리 생략	丁亥
19	木	15	•이날은 음력 8월 보름 추석 대명절이므로 행사의 유리 불리 생략	戊子
20	金	16	•이날은 추석 다음날이라 역시 공휴일이므로 행사의 유리 불리 생략	己丑
21	土	17	여행, 이사, 새집들이, 약혼식, 건축 및 집수리 시작, 상량식, 옷맞추기【결혼식, 제사】	庚寅
22	㊐	18	•이날은 천적, 피마, 월파일이 되어 모든 행사에 이롭지 못함	辛卯
23	月	19	추분(秋分) : 음 8월중 제사, 고사, 여행, 회의개최, 손님초대, 경로행사	壬辰

(八月中)

24	火	20	계약체결, 상거래 트기, 옷맞추기, 요양의 시작【여행, 이사, 소송, 등반, 장례행사】	癸巳
25	水	21	제사, 고사, 약혼식, 민원서 제출, 창작품 전시, 건축 및 집수리 시작, 상량식	甲午
26	木	22	인허가 신청, 입학, 계약체결, 상거래 시작, 살충제 살포【제사, 여행, 이사, 건축】	乙未
27	金	23	•이날은 복단일(伏斷日)과 폐일(閉日)에 해당하여 모든 행사에 불리함	丙申
28	土	24	제사, 고사, 여행, 약혼식, 결혼식, 남의 식구 들이는 일【손님초대, 개업, 흙다루기, 등산】	丁酉
29	㊐	25	양자 세우기, 옷맞추기, 약 복용의 시작【고사, 여행, 이사, 결혼식, 개업, 흙다루기】	戊戌
30	月	26	고사, 여행, 이사, 회의개최, 질병치료의 시작【결혼식, 건축 및 수리, 장례행사】	己亥

서기 2013년
단기 4346년

계사(癸巳) 十月大(31일)

경축·기념일	양력(일)	요일	음 月之大小	음력일자	간지	이십팔수	십이직(十二直)	구성(九星)	이사주당	혼인주당	주요 신살(主要神殺)
국군의 날	1	火		27	庚子	익(翼)	평(平)	三碧	천(天)	당(堂)	
노인의 날	2	水		28	辛丑	진(軫)	정(定)	二黑	해(害)	옹(翁)	
개천절	3	木		29	壬寅	각(角)	집(執)	一白	살(殺)	제(第)	대공망일
	4	金		30	癸卯	항(亢)	파(破)	九紫	부(富)	조(竈)	대공망일·천적·월파
	5	土	九月小	1	甲辰	저(氐)	위(危)	八白	천(天)	부(婦)	
	6	㊐		2	乙巳	방(房)	성(成)	七赤	이(利)	조(竈)	복단일
	7	月		3	丙午	심(心)	수(收)	六白	안(安)	제(第)	
재향군인의날	8	火		4	丁未	미(尾)	수(收)	五黃	재(災)	옹(翁)	하괴일

● **한로(寒露)** 오전 11시 58분, 음력 9월의 절기

한글날	9	水		5	戊申	기(箕)	개(開)	四綠	사(師)	당(堂)	천적일·월기일
	10	木		6	己酉	두(斗)	폐(閉)	三碧	부(富)	고(姑)	
	11	金		7	庚戌	우(牛)	건(建)	二黑	살(殺)	부(夫)	
	12	土		8	辛亥	여(女)	제(除)	一白	해(害)	주(廚)	
	13	㊐	중양절	9	壬子	허(虛)	만(滿)	九紫	천(天)	부(婦)	대공망일·복단일
	14	月		10	癸丑	위(危)	평(平)	八白	이(利)	조(竈)	천강일
체육의 날	15	火		11	甲寅	실(室)	정(定)	七赤	안(安)	제(第)	복단일·수사일
	16	水		12	乙卯	벽(壁)	집(執)	六白	재(災)	옹(翁)	
	17	木		13	丙辰	규(奎)	파(破)	五黃	사(師)	당(堂)	월파일
	18	金		14	丁巳	누(婁)	위(危)	四綠	부(富)	고(姑)	월기일
문화의 날	19	土		15	戊午	위(胃)	성(成)	三碧	살(殺)	부(夫)	
	20	㊐	토왕용사	16	己未	묘(昴)	수(收)	二黑	해(害)	주(廚)	하괴일
경찰의 날	21	月		17	庚申	필(畢)	개(開)	一白	천(天)	부(婦)	천적일
	22	火		18	辛酉	자(觜)	폐(閉)	九紫	이(利)	조(竈)	복단일
	23	水		19	壬戌	삼(參)	건(建)	八白	안(安)	제(第)	

● **상강(霜降)** 오후 3시 10분, 음력 9월의 중기

국제연합일	24	木		20	癸亥	정(井)	제(除)	七赤	재(災)	옹(翁)	
	25	金	陰遁下元	21	甲子	귀(鬼)	만(滿)	六白	사(師)	당(堂)	
	26	土		22	乙丑	유(柳)	평(平)	五黃	부(富)	고(姑)	천강일
	27	㊐		23	丙寅	성(星)	정(定)	四綠	살(殺)	부(夫)	수사일·월기일
교정의 날	28	月		24	丁卯	장(張)	집(執)	三碧	해(害)	주(廚)	
저축의 날	29	火		25	戊辰	익(翼)	파(破)	二黑	천(天)	부(婦)	월파일
	30	水		26	己巳	진(軫)	위(危)	一白	이(利)	조(竈)	
	31	木		27	庚午	각(角)	성(成)	九紫	안(安)	제(第)	복단일

음력 { 8월 27일 부터
       9월 27일 까지 }

九月 九星

二黑	七赤	九紫
一白	三碧	五黃
六白	八白	四綠

양력	요일	음력	10월중 행사에 대한 유리·불리 〔【 】안은 불리한 행사〕	간지
1	火	27	이사, 약혼식, 민원서 제출, 인허가 신청, 계약체결, 상거래 시작, 옷맞추기, 파종	庚子
2	水	28	제사, 약혼식, 민원서 제출, 입학, 회의 열어 합의보는 일, 건축 및 집수리 시작	辛丑
3	木	29	여행, 약혼식, 결혼식, 회의 열어 합의보는 일, 청탁, 건축 및 집수리 시작	壬寅
4	金	30	•이날은 천적일(天賊日)과 월파일(月破日)이 되어 유리한 행사가 없음	癸卯
5	土	9/1	고사, 경로행사, 옷맞추기【여행, 결혼식, 수술받기, 행선, 등반, 상품의 첫 출고】	甲辰
6	㊐	2	화장실 수리, 어린이 젖떼기 시작 •이날은 복단일이 되어 그 외 행사는 불리함	乙巳
7	月	3	제사, 여행, 이사, 수금, 민원서 제출, 소원청탁【결혼식, 흙다루는 일】	丙午
8	火	4	한로(寒露) : 음 9월절 제사, 불공, 여행, 약혼식, 파종, 상거래 시작【결혼식】	丁未

(九月節) 이날부터 壬戌月의 월건(月建) 적용

9	水	5	•이날은 천적일(天賊日)과 월기일(月忌日)에 해당하므로 모든 행사에 불리함	戊申
10	木	6	제사, 장기 복약 및 질병치료의 시작, 옷맞추기, 출입문과 도로의 폐쇄 차단	己酉
11	金	7	제사, 여행, 입학, 민원서 제출【이사, 결혼식, 건축 및 집수리 시작, 행선】	庚戌
12	土	8	제사, 고사, 여행, 약혼식, 민원서 제출, 회의개최, 청탁, 경로행사, 물품반입	辛亥
13	㊐	9	화장실 수리, 어린이 젖떼기 시작【고사, 이사, 결혼식, 회의개최, 건축 및 수리, 면회】	壬子
14	月	10	•이날은 흑도일에 천강(天罡), 홍사(紅紗) 등의 흉살로 인해 유리한 행사가 없음	癸丑
15	火	11	•이날은 복단일(伏斷日)과 수사일(受死日)이 되어 유리한 행사가 없음	甲寅
16	水	12	제사, 여행, 약혼식, 회의개최, 손님초대, 계약체결, 매매, 옷맞추기, 파종	乙卯
17	木	13	낡은 건축물 헐어내기, 수술받기, 원치 않는 약정의 취소【여행, 이사, 결혼식】	丙辰
18	金	14	제사, 민원서 제출, 양자녀 세우는 일【여행, 이사, 결혼식, 수술받기, 등반】	丁巳
19	土	15	제사, 여행, 창작품 전시, 계약체결, 상거래 시작, 벌목, 파종【이사, 결혼식, 소송】	戊午
20	㊐	16	•이날은 흑도일(黑道日)에 하괴일(河魁日)이 되어 유리한 행사가 없음	己未
21	月	17	•이날은 천적(天賊-백사 흉), 천구일(天狗日)이 되어 매사에 불리함	庚申
22	火	18	•이날은 복단일(단절)과 폐일(폐쇄)이 되어 모든 행사에 불리함	辛酉
23	水	19	상강(霜降) : 음 9월중 고사, 여행, 입학, 목욕, 파종【결혼식, 건축의 착수】	壬戌

(九月中)

24	木	20	제사, 고사, 여행, 필요한 물건 구하는 일, 민원서 제출, 경로행사【이사, 장례행사】	癸亥
25	金	21	제사, 불공, 여행, 약혼식, 민원서 제출, 계약체결, 개업【이사, 결혼식, 흙다루는 일】	甲子
26	土	22	제사, 불공, 여행, 이사, 약혼식, 작품 전시, 흙다루며 집수리【결혼식, 개업, 등반】	乙丑
27	㊐	23	불공, 약혼식, 회의개최, 손님초대, 약정【제사, 고사, 여행, 이사, 결혼식, 개업】	丙寅
28	月	24	제사, 여행, 약혼식, 결혼식, 민원서 제출, 회의 열어 합의보는 일, 개업, 파종	丁卯
29	火	25	낡은 건축물 헐어내기, 원치 않는 약정의 취소, 수술받기【여행, 약혼식, 결혼식】	戊辰
30	水	26	이사, 옷맞추기, 벌목, 파종【여행, 결혼식, 남의 식구 들이는 일, 수술받기, 장례행사】	己巳
31	木	27	화장실 수리, 어린이 젖떼기와 어른 담배 끊기 시작 •이날은 복단일로 매사 불리	庚午

서기 2013년
단기 4346년

계사(癸巳) 十一月小 (30일)

경축·기념일	양력(일)	요일	음 月之大小	음력 일자	간지	이십팔수	십이직(十二直)	구성(九星)	이사 주당	혼인 주당	주요 신살(主要神殺)
	1	金		28	辛未	항(亢)	수(收)	八白	재(災)	옹(翁)	하괴일
	2	土		29	壬申	저(氐)	개(開)	七赤	사(師)	당(堂)	천적일
학생독립운동 기념일	3	日	十月大	1	癸酉	방(房)	폐(閉)	六白	안(安)	부(夫)	
	4	月		2	甲戌	심(心)	건(建)	五黃	이(利)	고(姑)	대공망일
	5	火		3	乙亥	미(尾)	제(除)	四綠	천(天)	당(堂)	대공망일
	6	水		4	丙子	기(箕)	만(滿)	三碧	해(害)	옹(翁)	
	7	木		5	丁丑	두(斗)	만(滿)	二黑	살(殺)	제(第)	복단일·천적·월기일

● **입동**(立冬) 오후 3시 14분, 음력 10월의 절기

	8	金		6	戊寅	우(牛)	평(平)	一白	부(富)	조(竈)	하괴일
소방의 날	9	土		7	己卯	여(女)	정(定)	九紫	사(師)	부(婦)	복단일
	10	日		8	庚辰	허(虛)	집(執)	八白	재(災)	주(廚)	
농업인의 날	11	月		9	辛巳	위(危)	파(破)	七赤	안(安)	부(夫)	월파일
	12	火		10	壬午	실(室)	위(危)	六白	이(利)	고(姑)	
	13	水		11	癸未	벽(壁)	성(成)	五黃	천(天)	당(堂)	대공망일
	14	木		12	甲申	규(奎)	수(收)	四綠	해(害)	옹(翁)	대공망일·수사·천강일
	15	金		13	乙酉	누(婁)	개(開)	三碧	살(殺)	제(第)	대공망일
	16	土		14	丙戌	위(胃)	폐(閉)	二黑	부(富)	조(竈)	복단일·월기일
순국선열의 날	17	日		15	丁亥	묘(昴)	건(建)	一白	사(師)	부(婦)	
	18	月		16	戊子	필(畢)	제(除)	九紫	재(災)	주(廚)	
	19	火		17	己丑	자(觜)	만(滿)	八白	안(安)	부(夫)	천적일
	20	水		18	庚寅	삼(參)	평(平)	七赤	이(利)	고(姑)	하괴일
	21	木		19	辛卯	정(井)	정(定)	六白	천(天)	당(堂)	
	22	金		20	壬辰	귀(鬼)	집(執)	五黃	해(害)	옹(翁)	대공망일

● **소설**(小雪) 오후 12시 48분, 음력 10월의 중기

	23	土		21	癸巳	유(柳)	파(破)	四綠	살(殺)	제(第)	대공망일·월파일
	24	日		22	甲午	성(星)	위(危)	三碧	부(富)	조(竈)	대공망일
	25	月		23	乙未	장(張)	성(成)	二黑	사(師)	부(婦)	복단일·월기일
	26	火		24	丙申	익(翼)	수(收)	一白	재(災)	주(廚)	수사·천강일
	27	水		25	丁酉	진(軫)	개(開)	九紫	안(安)	부(夫)	
	28	木		26	戊戌	각(角)	폐(閉)	八白	이(利)	고(姑)	
	29	金		27	己亥	항(亢)	건(建)	七赤	천(天)	당(堂)	
무역의 날	30	土		28	庚子	저(氐)	제(除)	六白	해(害)	옹(翁)	

음력 { 9월 28일부터 / 10월 28일까지 }　　十月 九星

一白	六白	八白
九紫	二黑	四綠
五黃	七赤	三碧

양력	요일	음력	11월중 행사에 대한 유리·불리 〔【 】 안은 불리한 행사〕	간지
1	金	28	• 이날은 흑도일(黑道日)과 하괴일(河魁日)에 해당, 매사 불리함	辛未
2	土	29	• 이날은 천적일(天賊日)이 되어 중요성 있는 행사는 모두 불리	壬申
3	㊐	10/1	제사, 복약의 시작, 불필요한 출입문과 도로의 폐쇄【여행, 이사, 개방】	癸酉
4	月	2	제사, 불공, 여행, 입학, 계약체결, 상거래 시작, 벌목【이사, 결혼식, 건축】	甲戌
5	火	3	고사, 여행, 이사, 경로행사, 필요한 사람 구하는 일【결혼식, 흙다루기, 장례행사】	乙亥
6	水	4	고사, 여행, 민원서 제출, 복약, 상거래 시작【이사, 결혼식, 집수리, 행선】	丙子
7	木	5	입동(立冬) : 음 10월절　• 이날은 천적일에 복단일이 되어 백사 불리	丁丑

(十月節) 이날부터 癸亥月의 월건(月建) 적용

8	金	6	불공, 회의개최, 건축 및 집수리 시작, 개업, 물품반입, 벌목【고사, 결혼식】	戊寅
9	土	7	• 이날은 복단일(伏斷日)이 되어 오직 화장실 수리에만 유익함	己卯
10	㊐	8	제사, 여행, 약혼식, 고소장·인허가 신청 등 민원서 제출【행선, 개업, 등반】	庚辰
11	月	9	• 이날은 월파(月破)와 위일(危日-위태함)이 되어 모든 행사에 불리함	辛巳
12	火	10	제사, 고사, 이사, 결혼식, 청탁, 회의개최【입산, 등반, 수술받기, 행선】	壬午
13	水	11	고사, 이사, 입학, 계약체결, 상거래 시작, 파종【여행, 결혼식, 소송】	癸未
14	木	12	• 이날은 흑도일에 천강(天罡), 수사일(受死日)에 해당 매사에 불리함	甲申
15	金	13	여행, 회의개최, 손님초대, 개방하는 일【제사, 고사, 이사, 결혼식, 건축】	乙酉
16	土	14	제사, 요양과 질병치료의 시작, 불필요한 것의 폐지, 도로 차단 등	丙戌
17	㊐	15	제사, 고사, 여행, 이사, 양자녀 세우는 일【결혼식, 집수리, 수술, 장례행사】	丁亥
18	月	16	불공, 여행, 약혼식, 민원서 제출, 요양의 시작, 상량식, 옷맞추기, 목욕, 파종	戊子
19	火	17	• 이날은 천적, 귀기일(歸忌日)에 해당하므로 모든 행사에 불리함	己丑
20	水	18	여행, 이사, 약혼식, 민원서 제출, 작품 전시, 입학, 남의 식구 들이는 일, 파종	庚寅
21	木	19	제사, 여행, 약혼식, 회의개최, 손님초대, 건축 및 집수리 시작, 매매, 수금	辛卯
22	金	20	소설(小雪) : 음 10월중　제사, 고사, 약혼식, 결혼식, 건축 및 수리 시작	壬辰

(十月中)

23	土	21	【고사, 여행, 이사, 새집들이, 약혼식, 결혼식, 합의보는 일, 모임결성, 상품 출시】	癸巳
24	㊐	22	제사, 옷맞추기【여행, 이사, 약혼식, 결혼식, 수술받기, 행선, 입산, 등반】	甲午
25	月	23	• 이날은 왕망(往亡), 토기(土忌), 월기일(月忌日)이 되어 매사 불리함	乙未
26	火	24	• 이날은 흑도일(黑道日)에다 천강(天罡), 수사일(受死日)이라 매사 불리	丙申
27	水	25	고사, 민원서 제출, 보약 복용의 시작, 건축 및 집수리 시작, 상량식, 목욕	丁酉
28	木	26	• 이날은 폐쇄한다는 의미의 폐일(閉日)이 되어 유리한 행사 없음	戊戌
29	金	27	여행, 이사, 고소장·인허가 신청 등 민원서 제출, 질병치료의 시작, 파종	己亥
30	土	28	고사, 여행, 약혼식, 복약의 시작, 남의 식구 들이는 일, 상거래 트기, 매매, 파종	庚子

서기 2013년
단기 4346년

계사(癸巳) 十二月大 (31일)

경축·기념일	양력(일)	요일	음 月之大小	음력일자	간지	이십팔수	십이직(十二直)	구성(九星)	이사주당	혼인주당	주요 신살(主要神殺)
	1	日		29	辛丑	방(房)	만(滿)	五黃	살(殺)	제(第)	천적일
	2	月		30	壬寅	심(心)	평(平)	四綠	부(富)	조(竈)	대공망일·하괴일
소비자의 날	3	火	十一月小	1	癸卯	미(尾)	정(定)	三碧	천(天)	부(婦)	대공망일
	4	水		2	甲辰	기(箕)	집(執)	二黑	이(利)	조(竈)	복단일
국민교육헌장 선포기념일	5	木		3	乙巳	두(斗)	파(破)	一白	안(安)	제(第)	월파일
	6	金		4	丙午	우(牛)	위(危)	九紫	재(災)	옹(翁)	
	7	土		5	丁未	여(女)	위(危)	八白	사(師)	당(堂)	월기일

● 대설(大雪) 오전 8시 8분, 음력 11월의 절기

	8	日		6	戊申	허(虛)	성(成)	七赤	부(富)	고(姑)	
	9	月		7	己酉	위(危)	수(收)	六白	살(殺)	부(夫)	
세계인권선언일	10	火		8	庚戌	실(室)	개(開)	五黃	해(害)	주(廚)	
	11	水		9	辛亥	벽(壁)	폐(閉)	四綠	천(天)	부(婦)	복단일
	12	木		10	壬子	규(奎)	건(建)	三碧	이(利)	조(竈)	대공망일
	13	金		11	癸丑	누(婁)	제(除)	二黑	안(安)	제(第)	
	14	土		12	甲寅	위(胃)	만(滿)	一白	재(災)	옹(翁)	
	15	日		13	乙卯	묘(昴)	평(平)	九紫	사(師)	당(堂)	수사일
	16	月		14	丙辰	필(畢)	정(定)	八白	부(富)	고(姑)	월기일
	17	火		15	丁巳	자(觜)	집(執)	七赤	살(殺)	부(夫)	
	18	水		16	戊午	삼(參)	파(破)	六白	해(害)	주(廚)	천적·월파일
	19	木		17	己未	정(井)	위(危)	五黃	천(天)	부(婦)	
	20	金		18	庚申	귀(鬼)	성(成)	四綠	이(利)	조(竈)	복단일
	21	土		19	辛酉	유(柳)	수(收)	三碧	안(安)	제(第)	
	22	日		20	壬戌	성(星)	개(開)	二黑	재(災)	옹(翁)	

● 동지(冬至) 오전 2시 11분, 음력 11월의 중기

	23	月		21	癸亥	장(張)	폐(閉)	一白	사(師)	당(堂)	
	24	火	陽遁上元	22	甲子	익(翼)	건(建)	一白	부(富)	고(姑)	
기독탄신일	25	水		23	乙丑	진(軫)	제(除)	二黑	살(殺)	부(夫)	대공망일·월기일
	26	木		24	丙寅	각(角)	만(滿)	三碧	해(害)	주(廚)	
	27	金		25	丁卯	항(亢)	평(平)	四綠	천(天)	부(婦)	수사일
	28	土		26	戊辰	저(氐)	정(定)	五黃	이(利)	조(竈)	
	29	日		27	己巳	방(房)	집(執)	六白	안(安)	제(第)	복단일
	30	月		28	庚午	심(心)	파(破)	七赤	재(災)	옹(翁)	천적·월파일
	31	火		29	辛未	미(尾)	위(危)	八白	사(師)	당(堂)	

음력 { 10월 29일 부터
       11월 29일 까지 }   十一月 九星

九紫	五黃	七赤
八白	一白	三碧
四綠	六白	二黑

양력	요일	음력	12월중 행사에 대한 유리·불리 (【 】안은 불리한 행사)	간지
1	日	29	【제사, 고사, 여행, 이사, 새집들이, 결혼식, 합의보는 일, 건축 및 수리, 입산, 개업, 거래】	辛丑
2	月	30	여행, 이사, 약혼식, 회의 열어 합의보는 일, 물품반입, 건축 및 집수리 시작, 상량식	壬寅
3	火	11/1	불공, 여행, 이사, 민원서 제출, 약정, 계약체결, 상거래 시작【결혼식, 개업, 고소장 제출】	癸卯
4	水	2	화장실 수리, 어린이 젖떼기와 어른 담배끊기 시작 ●이날은 복단일이 되어 기타는 불리함	甲辰
5	木	3	낡은 건축물 헐기【고사, 여행, 이사, 약혼식, 결혼식, 약정, 회의개최, 개업, 모임결성】	乙巳
6	金	4	제사, 약혼식, 민원서 제출, 입학, 장담그기【여행, 이사, 결혼식, 수술받기, 행선, 등반】	丙午
7	土	5	대설(大雪) : 음 11월절 제사, 불공, 이사, 약혼식, 요양의 시작【등반】	丁未
			(十一月節) 이날부터 甲子月의 월건(月建) 적용	
8	日	6	제사, 고사, 여행, 이사, 회의개최, 손님초대, 모임결성, 계약체결, 상거래 시작, 파종	戊申
9	月	7	제사, 고소장·인허가 신청서 제출, 회의개최【여행, 손님초대, 결혼식, 이사, 흙다루기】	己酉
10	火	8	개업, 논문·그림 등 작품 제출 전시【제사, 고사, 여행, 침맞고 뜸뜨기, 흙다루기】	庚戌
11	水	9	●이날은 복단일(伏斷日)과 폐일(閉日)이 되어 유리한 행사 없음	辛亥
12	木	10	고사, 여행, 이사, 약혼식, 민원서 제출, 윗사람 문안, 경로행사【건축 및 집수리】	壬子
13	金	11	제사, 여행, 이사, 약혼식, 청탁, 건강을 위한 요양의 시작, 건축 및 집수리 시작	癸丑
14	土	12	불공, 여행, 약혼식, 결혼식, 회의개최, 손님초대, 옷맞추기, 벌목, 파종	甲寅
15	日	13	제사, 불공, 약혼식, 회의 열어 합의보는 일, 계약, 상거래 시작【여행, 이사, 결혼식】	乙卯
16	月	14	제사, 고사, 이사, 약혼식, 민원서 제출, 건축 및 집수리 시작【결혼식, 소송】	丙辰
17	火	15	●이날은 천적(天賊), 월파(月破), 피마살(披麻殺)로 인해 유리한 행사가 없음	丁巳
18	水	16	재건축을 위한 낡은 건축물 헐기, 수술받기【여행, 이사, 결혼식, 약정, 개업】	戊午
19	木	17	●이날은 길신이 탐탁치 않은데다 위일(危日)이 되어 여행, 수술, 건축 등에 불리함	己未
20	金	18	제사, 고사, 이사, 약혼식, 결혼식, 회의개최, 손님초대, 건축 및 수리의 착수	庚申
21	土	19	제사, 불공, 여행, 수금【이사, 약혼식, 결혼식, 회의개최, 손님초대, 장담그기】	辛酉
22	日	20	동지(冬至) : 음 11월중 【제사, 고사, 여행, 취임, 행선, 입산, 흙다루기】	壬戌
			(十一月中)	
23	月	21	제사, 목욕, 파종, 불필요한 출입문과 도로의 폐쇄 차단, 폐지하는 모든 것	癸亥
24	火	22	제사, 불공, 고사, 여행, 이사, 약혼식, 결혼식, 민원서 제출, 경로행사, 면회, 대청소	甲子
25	水	23	제사, 불공, 고사, 여행, 약혼식, 회의개최, 손님초대, 청탁, 건축 및 집수리 시작	乙丑
26	木	24	불공, 여행, 이사, 약혼식, 입학, 민원서 제출, 회의개최, 개업, 건축과 집수리 시작	丙寅
27	金	25	제사, 약혼식, 민원서 제출, 생산품 전시 및 광고, 고기잡이, 수렵, 살충제 살포	丁卯
28	土	26	제사, 여행, 이사, 약혼식, 결혼식, 민원서 제출, 회의 열어 합의보는 일, 손님초대, 개업	戊辰
29	日	27	화장실 수리, 어린이 젖떼기와 어른 담배끊기 시작 ●이날은 복단일이라 그 외 행사는 불리	己巳
30	月	28	●이날은 천적(天賊), 피마(披麻), 월파(月破) 등의 흉살로 인해 유리한 행사 없음	庚午
31	火	29	여행, 계약체결, 매매, 질병치료, 벌목【제사, 결혼식, 수술, 입산】	辛未

서기 2014년
단기 4347년

갑오(甲午) 一月大(31일)

경축·기념일	양력(일)	요일	음 月之大小	음력일자	간지	이십팔수	십이직(十二直)	구성(九星)	이사주당	혼인주당	주요 신살(主要神殺)
신 정	1	水	十二月大	1	壬申	기(箕)	성(成)	九紫	안(安)	부(夫)	
	2	木		2	癸酉	두(斗)	수(收)	一白	이(利)	고(姑)	
	3	金		3	甲戌	우(牛)	개(開)	二黑	천(天)	당(堂)	대공망일
	4	土		4	乙亥	여(女)	폐(閉)	三碧	해(害)	옹(翁)	대공망일
	5	㊐		5	丙子	허(虛)	폐(閉)	四綠	살(殺)	제(第)	복단일·월기일
	● 소한(小寒) 오후 7시 24분, 음력 12월의 절기									
	6	月		6	丁丑	위(危)	건(建)	五黃	부(富)	조(竈)	
	7	火		7	戊寅	실(室)	제(除)	六白	사(師)	부(婦)	복단일
	8	水		8	己卯	벽(壁)	만(滿)	七赤	재(災)	주(廚)	
	9	木		9	庚辰	규(奎)	평(平)	八白	안(安)	부(夫)	하괴일
	10	金		10	辛巳	누(婁)	정(定)	九紫	이(利)	고(姑)	
	11	土		11	壬午	위(胃)	집(執)	一白	천(天)	당(堂)	
	12	㊐		12	癸未	묘(昴)	파(破)	二黑	해(害)	옹(翁)	대공망일·월파일
	13	月		13	甲申	필(畢)	위(危)	三碧	살(殺)	제(第)	대공망일
	14	火		14	乙酉	자(觜)	성(成)	四綠	부(富)	조(竈)	대공망일·복단·수사일
	15	水		15	丙戌	삼(參)	수(收)	五黃	사(師)	부(婦)	
	16	木		16	丁亥	정(井)	개(開)	六白	재(災)	주(廚)	천적일
	17	金	토왕용사	17	戊子	귀(鬼)	폐(閉)	七赤	안(安)	부(夫)	
	18	土		18	己丑	유(柳)	건(建)	八白	이(利)	고(姑)	
	19	㊐		19	庚寅	성(星)	제(除)	九紫	천(天)	당(堂)	
	20	月		20	辛卯	장(張)	만(滿)	一白	해(害)	옹(翁)	
	● 대한(大寒) 오후 12시 51분, 음력 12월의 중기									
	21	火		21	壬辰	익(翼)	평(平)	二黑	살(殺)	제(第)	대공망일·하괴일
	22	水		22	癸巳	진(軫)	정(定)	三碧	부(富)	조(竈)	대공망일
	23	木		23	甲午	각(角)	집(執)	四綠	사(師)	부(婦)	대공망일·복단·월기일
	24	金	납 향	24	乙未	항(亢)	파(破)	五黃	재(災)	주(廚)	월파일
	25	土		25	丙申	저(氐)	위(危)	六白	안(安)	부(夫)	
	26	㊐		26	丁酉	방(房)	성(成)	七赤	이(利)	고(姑)	수사일
	27	月		27	戊戌	심(心)	수(收)	八白	천(天)	당(堂)	
	28	火		28	己亥	미(尾)	개(開)	九紫	해(害)	옹(翁)	천적일
	29	水		29	庚子	기(箕)	폐(閉)	一白	살(殺)	제(第)	
설 연 휴	30	木	제 석	30	辛丑	두(斗)	건(建)	二黑	부(富)	조(竈)	복단일
설 날	31	金	正月小	1	壬寅	우(牛)	제(除)	三碧	천(天)	부(婦)	대공망일

음력 { 12월 1일부터 / 정월 1일까지

十二月 九星

八白	四綠	六白
七赤	九紫	二黑
三碧	五黃	一白

양력	요일	음력	1월중 행사에 대한 유리·불리 【 】안은 불리한 행사	간지
1	水	12/1	제사, 고사, 여행, 이사, 약혼식, 청탁, 회의개최, 벌목 【결혼식, 건축, 소송, 행선】	壬申
2	木	2	제사, 이사, 복약 시작, 수금, 반출품 회수 【여행, 소송, 손님초대, 입산, 장례행사】	癸酉
3	金	3	회의개최, 손님초대, 새집들이, 청탁, 구직, 생산품 전시, 계약체결, 매매, 벌목	甲戌
4	土	4	고사, 복약, 옷맞추기, 벌목, 목욕, 불필요한 출입문과 도로의 폐쇄	乙亥
5	日	5	소한(小寒) : 음 12월절 •이날은 복단일과 월기일이 되어 매사 불리함	丙子

(十二月節) 이날부터 乙丑月의 월건(月建) 적용

양력	요일	음력	1월중 행사에 대한 유리·불리 【 】안은 불리한 행사	간지
6	月	6	제사, 고사, 이사, 약혼식, 민원서 제출, 계약체결, 양자 들이는 일, 경로행사	丁丑
7	火	7	어린이 젖떼기 시작, 화장실 수리 •이날은 복단일이 되어 상기 일만 해가 없음	戊寅
8	水	8	제사, 여행, 약혼식, 민원서 제출, 회의개최, 손님초대 【이사, 결혼식, 장례행사】	己卯
9	木	9	제사, 여행, 이사, 계약체결, 상거래 시작 【결혼식, 건축의 착수, 침맞고 뜸뜨기】	庚辰
10	金	10	이사, 약혼식, 결혼식, 청탁, 회의개최, 합의보는 일, 건축 및 집수리 시작, 개업	辛巳
11	土	11	제사, 고사, 이사, 약혼식, 창작품 전시, 민원서 제출, 경로행사, 장담그기	壬午
12	日	12	낡아 못쓰는 건축물 헐기 •이날은 월파일(月破日)이 되어 그 외는 불리함	癸未
13	月	13	제사, 여행, 약혼식, 결혼식, 남의 식구 들이는 일, 계약체결, 상거래 시작	甲申
14	火	14	•이날은 수사(受死), 복단, 월기일(月忌日)이 되어 모든 행사에 불리함	乙酉
15	水	15	제사, 여행, 민원서 제출, 취임, 수금, 반출금 회수, 건축을 위한 터닦기 시작	丙戌
16	木	16	•이날은 천적일(天賊日)이 되어 유리한 행사가 없음	丁亥
17	金	17	불공, 약혼식, 건강 회복을 위한 요양의 시작 【여행, 이사, 결혼식, 행선, 개업, 개방】	戊子
18	土	18	제사, 고사, 이사, 경로행사, 장기적인 복약의 시작, 대청소 【여행, 결혼식, 장례행사】	己丑
19	日	19	여행, 이사, 약혼식, 결혼식, 회의개최, 청탁, 손님초대 【제사, 고사, 침맞고 뜸뜨기, 수술】	庚寅
20	月	20	대한(大寒) : 음 12월중 고사, 여행, 약혼식, 민원서 제출, 개업	辛卯

(十二月中)

양력	요일	음력	1월중 행사에 대한 유리·불리 【 】안은 불리한 행사	간지
21	火	21	•이날은 흑도일(黑道日)에 하괴살(河魁殺)이 들어 매사에 불리함	壬辰
22	水	22	이사, 새집들이, 약혼식, 입학, 약정, 복약, 계약체결 【여행, 결혼식, 장례행사】	癸巳
23	木	23	•이날은 복단, 월기일(月忌日)이 되어 모든 행사에 불리함	甲午
24	金	24	낡은 건축물 헐기, 원치 않는 약정의 취소 【고사, 여행, 이사, 면회, 건축과 수리】	乙未
25	土	25	제사, 불공, 이사, 약혼식, 결혼식, 입학, 손님초대, 옷맞추기, 벌목, 파종, 개업	丙申
26	日	26	제사, 회의개최, 합의보는 일 【손님초대, 여행, 이사, 결혼식, 등반】	丁酉
27	月	27	민원서 제출, 작품 전시, 물품조성, 수금 【여행, 이사, 결혼식, 건축과 수리】	戊戌
28	火	28	•이날은 천적일에 섣달 그믐 명절이 가까워 마땅한 행사가 없음	己亥
29	水	29	고사, 장기적인 복약의 시작, 불필요한 출입문과 도로의 폐쇄, 차단	庚子
30	木	30	•이날은 음력 설 대명절 전날로 연휴가 되어 행사에 대한 유리 불리를 생략함	辛丑
31	金	1/1	•이날은 음력 설날이라 공휴일이 되어 행사에 대한 유리 불리를 생략함	壬寅

부 록(附錄)

의례서식(儀禮書式)

◎ 부조금 봉투에 쓰는 글씨

ㅇ 혼인식에 쓰는 축하의 글씨

華촉 祝축 祝축 蕪무 菫근 醮초 賀하
燭촉 華화 盛성
儀의 婚혼 婚혼 儀의 儀의 儀의 儀의

ㅇ 회갑(回甲) 진갑(進甲) 칠순(七旬) 팔순(八旬) 회혼례(回婚禮) 등에 쓰는 글씨

壽수 祝축 崇숭 晬쉬 祝축
                        壽수
儀의 儀의 儀의 儀의 宴연

ㅇ 초상에 부의금(賻儀金)을 내기 위해 쓰는 글씨

賻부 弔조   일반적으로 賻儀(부의)라 쓰며,
儀의 儀의   화환(花環)에는 謹弔(근조)라고 쓴다.

ㅇ 소대상(小大祥)에 약간의 부조금을 낼 때 쓰는 글씨(단 상대방에서 소대상 의식을 치르지 않을 경우는 낼 필요가 없다)

奠儀   香燭代   혹은 微儀
전 의   향 촉 대   미 의

ㅇ 음력 설에는 歲儀   추석에는 節儀
              세 의   절 의

ㅇ 귀한 손님을 송별할 때 여비조로 줄 경우

贐儀   餞儀
신 의   전 의

ㅇ 보통 때 여비나 용돈조로 돈을 줄 경우

芹儀 菲儀 蕪儀 薄儀 菲品
근 의 비 의 무 의 박 의 비 품

◎ 축하, 격려, 위로의 간단한 문구(文句)

- 신년(新年)에 謹賀新年   恭賀新年   恭賀新禧
              근하신년   공하신년   공하신희

- 봄에 順頌春祺   ○ 여름에 敬頌暑安   ○ 가을에 肅頌秋祺   ○ 겨울에 仰頌冬安
       순송춘기   경송서안   숙송추기   앙송동안

- 수연(壽宴)에 恭賀壽祺   ○ 객지에 있는 이에게 拜頌旅安
              공하수기   배송려안

- 상대방의 질병에 拜頌調安   ○ 공부하는 사람에게 順頌課安
                 배송조안   순송과안

- 모든 축하에 恭賀慶福
             공하경복

상제례서식(喪祭禮書式)

◎ 명정(銘旌) 및 지방(紙榜) 쓰는 법

● 명정 쓰는 법

郡守夫人密陽朴氏之柩	郡守豊川任公之柩	孺人金海金氏之柩	學生全州李公之柩
군수부인밀양박씨지구	군수풍천임공지구	유인김해김씨지구	학생전주이공지구

(벼슬이 있을 때)　　　　　　(벼슬이 없을 때)

● 지방 쓰는 법

顯考學生府君神位	顯妣孺人金海金氏神位	顯祖考學生府君神位	顯祖妣孺人海平尹氏神位	顯辟學生府君神位	故室孺人慶州崔氏神位
현고학생부군신위	현비유인김해김씨신위	현조고학생부군신위	현조비유인해평윤씨신위	현벽학생부군신위	고실유인경주최씨신위

(부모지방)　　　　　　(조부모지방)　　　　　　(남편지방) (아내지방)

※ 벼슬이 없으면 '學生(학생)'이라 쓰고, 읍·면장급 이상의 벼슬이 있으면 '學生' 대신 벼슬 이름을 쓴다. 즉 邑長·面長·市長·知事·長官·國會議員·國務總理 등 해당되는 벼슬 이름을 쓰고, 여자는 그 남편의 벼슬 이름을 따라 '孺人(유인)' 대신 郡守夫人·知事夫人 등으로 쓴다. 지방도 學生[남자]과 孺人[여자]을 벼슬 이름으로 쓴다.

◎ 발인축(發靷祝)

고인의 집이나 병원 영안소, 장례식장 등에서 장차 장지(葬地)로 떠나기 위해 발인제를 지낼 때 읽는 축은 다음과 같다.

靈輀旣駕 往則幽宅 載陳遣禮 永訣終天
영이기가 왕즉유택 재진견례 영결종천

위와 같은 내용의 글씨를 백지에 세로로 써서 발인제(영결식)를 지낼 때 축관(祝官)이 읽는다.

◎ 제주축(祭主祝)

산에서 시신을 하관(下棺)한 뒤 봉분작업을 끝내고, 새로 쓴 묘 앞에 제수를 진설, 제사를 지내면서 읽는 축인데 **평토제축**(平土祭祝)이라고도 한다.

維歲次癸巳三月丙午朔初三日戊申孤子東植 ① ② ③ ④ ⑤ ⑥ ⑦ 敢昭告于
顯考學生府君 ⑧ ⑨ 形歸窀穸 ⑩
神返室堂 神主・魂魄未成 影本寫奉 是憑 ⑪
是依

● 축 쓰는 요령
① 은 초상이 나서 장례치르는 당년의 간지 [太歲]
② 는 음력으로 장례치르는 달
③ 은 장례치르는 달 음력 초하루 간지
④ 는 음력으로 장례치르는 날짜
⑤ 는 장례치르는 날의 간지
⑥ 은 부친상에 孤子, 모친상에 哀子, 부모 다 사망한 경우 孤哀子로 상황에 따라 바꿔 쓴다.
⑦ 은 상주(喪主)의 이름
⑧ 은 모친상이면 顯妣孺人이고, 부친상에는 왼쪽 보기대로
⑨ 는 벼슬이 있으면 學生과 孺人을 벼슬 이름으로 쓴다.
⑩ 은 현재 대개 신주도 없고 혼백도 없으므로 글귀를 옛 서식과 바꿔 쓴 것이다.
⑪ 새로 사진을 봉안하는 풍속이 일반적이므로 시대에 따라 편의상 실제대로 문구를 맞춰 쓴 것이다.

◎ 우제축(虞祭祝)

우제(虞祭)란 산에서 장례행사를 마치고 영본(影本: 실은 神主나 魂魄)과 지방(紙榜)을 상청 위에 봉안하고 지내는 제사로서 반드시 장례 당일 오후 해지기 전에 지내야 한다.

〈설명〉 태세, 月 초하루의 干支, 날짜 日의 干支, 상주 이름, 고인의 칭호 등은 위 제주축(祭主祝)의 요령과 같다. (단, 再虞와 三虞는 날짜와 日의 干支를 바꿔 쓰면 된다)

- ○1에 있어 재우면 **再虞** 삼우면 **三虞**라 쓰고
- ○2에 있어 재우면 **虞事** 삼우면 **成事**라 고쳐 써 읽으면 된다.

```
維歲次癸巳三月丙午朔初三日戊申孤子東植
                    敢昭告于
顯考學生府君　日月不居　奄及初虞 ○1　夙興夜
處　哀慕不寧　謹以清酌庶羞　哀薦祫事尚 ○2
饗
```

◎ 소대상(小大祥)과 49일제

• 소대상 49제 동용

소상(小祥)은 사망후 1년 사망 당일에 지내는 제사이고, 대상(大祥)은 소상 다음해 (사망 2년 뒤) 사망 당일에 지내는 제사이다.

요즈음 49일제(재)를 지내는 것으로 상(喪)을 끝내는데 절에서 지내면 49재(齋)이고, 집에서 지내면 49일제(祭)로 명칭해야 옳다.

대상축(大祥祝)은 奄及小祥을 大祥으로, 哀薦常事를 祥事로 고쳐 쓰면 된다.

49일제에 있어 서식은 小大祥祝과 거의 같고 단 奄及小祥을 **奄及四十九日**로, 哀薦常事를 **哀薦四十九日祭**로 융통해서 쓰면 될 것이다.

※ 제사 절차는 忌日祭와 거의 같다. 단, 기일제는 주인이 가득 부은 술잔을 일단 位前에 올렸다가 다시 내려 祭主한 뒤 位前에 올리지만 우제와 소대상은 집사가 따라준 잔을 그 참 祭主해서 올리는 것만 다르다.

```
維歲次干支○月干支朔○日干支
              孝子○○　敢昭告于
顯考學生府君　日月不居　奄及小祥　夙興夜
處　哀慕不寧　謹以清酌庶羞　哀薦常事尚
饗
```

◎ 기일축(忌日祝)과 제사 절차

• 기일축

　태세(太歲), 月, 초하루 日辰, 제사날짜, 제사날짜의 干支, 고인과의 관계, 제주의 이름 등은 제사지내는 年月日과 관계, 이름에 따라 쓰면 된다. 그리고 부모제사에는 **昊天罔極**(호천망극)이라 쓰지만 부모가 아닌 조부모 이상은 **不勝永慕**(불승영모)로 고쳐 쓴다.
　제수(祭需)에 있어 떡이 없으면 왼편 **庶羞**를 고쳐 **脯醢**(포해)라 쓴다.

```
維歲次癸巳八月甲戌朔十二日乙酉孝子○○
　　　　　　　　　　　　　　　　　敢昭告于
顯考學生府君
顯妣孺人金寧金氏　歲序遷易
顯考諱日復臨　追遠感時　昊天罔極　謹以淸
　○○○
　○○○○
酌庶羞　恭伸奠獻　尙　　饗
```

• 제사절차

1. 강신(降神)

　○ **분향재배**(焚香再拜) – 주인(主人 : 祭主)이 향에 불을 붙여 향그릇에 꽂고 나서 재배한다.

　○ **뇌주재배**(酹酒再拜) – 주인이 별도로 준비된 잔반(술잔과 술잔 받침)을 잡고 꿇어앉으면 집사가 술병을 잡고 술잔에 반이 못되도록 따른 다음 주인은 그 술을 모사(茅沙 : 모토라고도 함)에다 세 번 기울여 붓고 빈 술잔을 내밀면 집사가 받아 향탁 옆 적당한 곳에 놓아둔다. 주인은 재배한다.

2. 참신(參神)

　주인 이하 참석자 일동은 모두 재배한다.

3. 진찬(進饌)

　주인은 육(肉)을 올리고, 주부는 면(麵)을 올린다.
　주인은 어(魚 : 말리지 않은 생선. 조기, 숭어, 오징어 등)를 올리고 주부는 떡을 올린다.
　다음에 주인은 갱(羹 : 국)을 올리고, 주부는 반(飯 : 메)을 올린다.
　※ 대개 현재는 제삿상에 미리 모든 제수를 다 진설해 놓은 뒤 분향이 시작되므로 진찬(進饌)의 절차가 생략되고 있는 것 같다.

4. 초헌(初獻)

- **헌작**(獻酌) – 주인이 고위(考位)의 잔반을 내려 동향하고 서면 집사는 술병을 들고 서향하고 서서 주인이 받들고 있는 잔에다 술을 가득히 따른다.
  그리하면 주인은 그 잔반을 고위전에 올린다. 다음은 비위전의 잔반을 내려 고위의 잔반과 같이 한다.
- **제주**(祭主) – 주인이 향안(香案) 앞에 바로 서고, 양쪽 집사는 고비위전에 올린 술잔을 내려 각각 주인 좌우에서 받고 있으면 주인이 꿇어앉고 집사도 꿇어앉는다.
  주인은 고위전의 술잔부터 받아 모사에다 조금씩 세차례 따르되 술은 3분의 2 정도 남도록 하여 집사에게 주면 집사가 받아 원위치에 올린다.
  다음은 비위전의 술잔을 받아 같은 요령으로 한다.
- **계개**(啓盖) – 집사가 메뚜껑을 열어 상 모서리 빈 자리에 젖혀놓는다.
- **진적**(進炙) – 준비된 적이 있으면 집사가 적을 올린다.
- **독축**(讀祝) – 주인 이하 모두 꿇어앉고 축관은 주인 왼편에 꿇어앉아 축을 읽는다.
- **주인재배** – 축이 끝나면 주인은 재배한다.(축관은 절을 해도 좋고 안해도 무방하다)
- **퇴주**(退酒) – 두 집사는 양 위전의 술잔을 내려 빈 그릇에 다 붓고 제자리에 놓는다.
- **철적**(徹炙) – 올렸던 적을 내린다.

5. 아헌(亞獻)

아헌은 주부가 하는 것이 좋지만 주인의 동생이 행하여도 된다.
헌작·제주·진적·아헌관 재배·퇴주·철적 등의 요령은 모두 초헌관이 하는 것과 똑같고, 계개와 독축 절차만 생략된다.

6. 종헌(終獻)

종헌(삼헌이라고도 함)은 주인의 동생이나 아들, 기타 형편에 따라 한다.
헌작·제주·진적·삼헌관 재배 등 아헌의 요령과 같고 다만 퇴주와 철적을 안한다.

7. 유식(侑食)

- **첨작**(添酌) – 주인이 술병을 들고 삼헌 때 제주(祭主)로 인해 채워져 있지 않은 술잔에다 가득 채운다.
- **입시**(立匙) – 주부는 메그릇 중앙에다 동향으로 수저를 꽂는다.
- **정저**(正箸) – 이어서 젓가락만 쥐고 상에다 톡톡톡 세 번 정저(간추림)한다.
- **재배**(再拜) – 주인 주부(첨작, 입시, 정저한 사람)는 나란히 서서 재배한다.

8. 합문(闔門)

주인 이하 모두 밖으로 나가고 맨 나중에 축관이 나와 문을 닫는다.

9. 계문(啓門)

한 5분 정도 지난 뒤 축관이 3번 정도 기침하고 먼저 문을 열고 들어서면 일동은 따라 들어선다.

10. 사신(辭神)

- **철갱**(徹羹) – 국그릇을 내린다.
- **진다**(進茶) – 국그릇 자리에 숭늉을 올린다.
- **점다**(點茶) – 수저로 메를 조금씩 떠서 숭늉에 만다.
- **고이성**(告利成) – 축관이 동쪽 뜰에서 서향하고 서서 '이성'이라 크게 소리친다.
- **철시**(徹匙) – 수저를 거두어 시첩에 놓는다.
- **합개**(闔盖) – 메뚜껑을 덮는다.
- **일동재배** – 참석자 일동은 재배한다.

11. 음복(飮福)

주인은 고위나 비위전의 술잔을 내려 마시는 것으로 제사 절차는 끝난다.

육갑상식(六甲常識)

- 간지(干支)의 기본 글자

  干은 天干이고 支는 地支의 약칭이다. 干에 10개가 있고 支에 12개가 있어 十干, 十二支라 한다.

  십간(十干) : 甲, 乙, 丙, 丁, 戊, 己, 庚, 辛, 壬, 癸

  십이지(十二支) : 子, 丑, 寅, 卯, 辰, 巳, 午, 未, 申, 酉, 戌, 亥

- 간지(干支)의 음양(陰陽)

  天干과 地支는 모두 음과 양으로 분류되어 있다.

  甲, 丙, 戊, 庚, 壬은 陽干이고 乙, 丁, 己, 辛, 癸는 陰干이다.

  子, 寅, 辰, 午, 申, 戌은 陽支이고 丑, 卯, 巳, 未, 酉, 亥는 陰支이다.

- 육십갑자(六十甲子)

十干과 十二支를 干支의 순서대로 干은 위에, 支는 아래에 놓아 배합하면 60개 명칭의 干支 배합이 나온다. 아래와 같다.

甲子	乙丑	丙寅	丁卯	戊辰	己巳	庚午	辛未	壬申	癸酉
甲戌	乙亥	丙子	丁丑	戊寅	己卯	庚辰	辛巳	壬午	癸未
甲申	乙酉	丙戌	丁亥	戊子	己丑	庚寅	辛卯	壬辰	癸巳
甲午	乙未	丙申	丁酉	戊戌	己亥	庚子	辛丑	壬寅	癸卯
甲辰	乙巳	丙午	丁未	戊申	己酉	庚戌	辛亥	壬子	癸丑
甲寅	乙卯	丙辰	丁巳	戊午	己未	庚申	辛酉	壬戌	癸亥

- 오행(五行)과 생극

오행이란 다음 다섯 가지 명칭을 말한다.

木 火 土 金 水

상생(相生) : 木生火 火生土 土生金 金生水 水生木
　　　　　　木→火→土→金→水→木→火 차례로 生함

상극(相克) : 木克土 土克水 水克火 火克金 金克木
　　　　　　木→土→水→火→金→木→土→水 차례로 克함

- 오행소속

干支의 기본 소속 甲乙寅卯木 丙丁巳午火 戊己辰戌丑木土 庚辛申酉金 壬癸亥子水
干合五行 : 甲己合土 乙庚合金 丙辛合水 丁壬合木 戊癸合火
三合五行 : 申子辰合水 巳酉丑合金 寅午戌合火 亥卯未合木
六合五行 : 子丑合土 寅亥合木 卯戌合火 辰酉合金 巳申合水 午未合
四時五行 : 봄은 木, 여름은 火, 가을은 金, 겨울은 水
　　　　　　그리고 四時의 끝달인 三·六·九·十二月은 土에도 속한다.
방위오행 : 동방 木, 남방 火, 중앙 土, 서방 金, 북방 水
　　　　　　청색 木, 적색 火, 황색 土, 백색 金, 흑색 水
수(數)오행 : 三八木, 二七火, 五十土, 四九金, 一六水

甲乙寅卯三八木(東方 청색 春 木)
丙丁巳午二七火(南方 적색 夏 火)
戊己辰戌丑未五十土(中央 황색 四季 土)
庚辛申酉四九金(西方 백색 秋 金)
壬癸亥子一六水(北方 흑색 冬 水)
※ 선천수(先天數)
　　甲己子午九, 乙庚丑未八, 丙辛寅申七, 丁壬卯酉六, 戊癸辰戌五, 巳亥四

• 합충과 형파해

간합(干合) : 甲己合 乙庚合 丙辛合 丁壬合 戊癸合
간충(干冲) : 甲庚冲 乙辛冲 丙壬冲 丁癸冲 戊己冲
삼합(三合) : 申子辰合 巳酉丑合 寅午戌合 亥卯未合
육합(六合) : 子丑合 寅亥合 卯戌合 辰酉合 巳申合
육충(六冲) : 子午冲 丑未冲 寅申冲 卯酉冲 辰戌冲 巳亥冲
지형(支刑) : 寅巳申三刑(寅刑巳 巳刑申 申刑寅)
　　　　　　丑戌未三刑(丑刑戌 戌刑未 未刑丑)
　　　　　　子卯相刑(子刑卯 卯刑子)
　　　　　　辰・午・酉・亥 自刑(辰刑辰, 午刑午, 酉刑酉, 亥刑亥)
육파(六破) : 子↔酉　丑↔辰　寅↔亥　卯↔午　巳↔申　戌↔未
육해(六害) : 子↔未　丑↔午　寅↔巳　卯↔辰　申↔亥　酉↔戌
원진(怨嗔) : 子↔未　丑↔午　寅↔酉　卯↔申　辰↔亥　巳↔戌

◎ 신살(神殺)과 육친(六親)

• 신살(神殺) — 이 신살은 육효(六爻) 추리에도 많이 적용된다.

건록(建祿)이 사주에 있으면 몸이 튼튼하고 항시 직장과 먹을 것이 있다.
　　　甲日-寅　乙日-卯　丙・戊日-巳　丁・己日-午
　　　庚日-申　辛日-酉　壬日-亥　癸日-子

천을귀인(天乙貴人)이 사주에 있으면 항시 인덕이 있고 천지신명의 도움을 받는다.
　　　甲・戊・庚日-丑未　乙・己日-子申　丙・丁日-亥酉　辛日-寅午
　　　壬癸日-巳卯(丁亥 丁酉 癸巳 癸卯日生은 生日에 천을귀인을 놓은 셈이다)

역마(驛馬)가 있으면 부지런하고 활동력이 강하여 무역·운수·외직으로 성공한다.

  申子辰生－寅 巳酉丑生－亥 寅午戌生－申 亥卯未生－巳

겁살(劫殺)이 사주에 있으면 액겁이 따르므로 한때라도 고생을 겪는다.

  申子辰生－巳 巳酉丑生－寅 寅午戌生－亥 亥卯未生－申

도화(桃花)는 이성교제가 많게 된다는 살인 바 이로 인해 큰 낭패도 당하며 깊은 수렁에 빠질 수도 있다는 함지살(咸池殺)도 된다.

  申子辰生－酉 巳酉丑生－午 寅午戌生－卯 亥卯未生－子

고과살(孤寡殺)은 고신(孤辰)·과수(寡宿)의 합칭이다. 남자는 고신, 여자는 과수살만 해당하는 바 이 살이 있으면 한때라도 홀로 있어 외롭게 지낸다고 한다.

  亥子丑生－寅戌 寅卯辰生－巳丑 巳午未生－申辰 申酉戌生－亥未

  예를 들어 亥子丑生 남자는 寅이 고신이고 여자는 戌이 과수살이다.

삼기(三奇)가 사주에 있으면 영웅수재라 포부가 원대하고 재능이 뛰어나며 액이 적다.

  甲戊庚全 乙丙丁全 壬癸辛全－세 글자가 다 있어야 한다.

육수(六秀) 이 날짜에 태어나면 약고 똑똑하고 총명하고 야무지다.

  戊子 己丑 丙午 丁未 戊午 己未日生

괴강(魁罡)은 길흉이 극단으로 작용하는 살인데 남자는 무방하나(강인하다) 여자는 팔자가 세어 고독하기 쉽다고 한다.

  庚辰 庚戌 壬辰 壬戌－生日에 해당되어야 작용력이 강하다.

공망(空亡)이 길신에 들면 불리하나 흉신에 들면 흉살의 작용력을 감소시킨다.

  甲子旬中－戌亥空 甲戌旬中－申酉空 甲申旬中－午未空
  甲午旬中－辰巳空 甲辰旬中－寅卯空 甲寅旬中－子丑空

- **육친**(六親)

육친이란 부모 형제 처자를 칭하는바 五行生克 작용에 의해 정해지는 비겁(比劫) 식상(食傷) 재(財) 관살(官殺) 인수(印綬)가 모두 부모 형제 처자(여자는 남편과 자식)에 속해 있으므로 이상 명칭을 총칭 육친이라 한다.

  ○ 육친 정하는 법

  육친을 크게 나누면 비겁, 식상, 재, 관살, 인수로 합칭하고 음양을 구분하면 비견, 겁재, 식신, 상관, 편재, 정재, 편관, 정관, 편인, 정인의 10가지 명칭으로 분류된다.

日干과 같은 자 비겁, 日干이 生하는 자 식상, 日干이 극하는 자 재성, 日干을 극하는 자 관살, 日干을 生하는 자 인수다. 또는

○ 日干과 오행이 같고 음양도 같으면 **비견**(比肩), 음양만 다르면 **겁재**(劫財)다.
○ 日干이 生하는 자로 음양이 같으면 **식신**(食神), 다르면 **상관**(傷官)이라 한다.
○ 日干이 극하는 자로 음양이 같으면 **편재**(偏財), 다르면 **정재**(正財)라 한다.
○ 日干을 극하는 자로 음양이 같으면 **편관**(偏官), 다르면 **정관**(正官)이라 한다.
○ 日干을 生하는 자로 음양이 같으면 **편인**(偏印), 다르면 **정인**(正印)이라 한다.

단, 편인의 기(氣)가 세면 도식(倒食) 또는 효신살(梟神殺)이라 하고 편관의 기가 세면 칠살(七殺)이라 한다.

음양을 따질 때 지지에 있어 子寅辰 午申戌은 陽이고 丑卯巳未酉亥는 음이다. 그러나 地支에 한해서는 그 지지가 암장(暗藏)하고 있는 干의 정기(正氣)로 따지는 까닭에 亥는 정기가 壬, 子는 癸, 巳는 丙, 午는 丁이라 亥子와 巳午는 근본의 음양을 바꾸어 육친을 정해야 한다.

子(癸)　丑(己)　寅(甲)　卯(乙)　辰(戊)　巳(丙)
午(丁)　未(己)　申(庚)　酉(辛)　戌(戊)　亥(壬)

남녀궁합(男女宮合)

• 납음궁합(納音宮合)

이 궁합은 남녀 생년납음(生年納音)의 생극으로 길흉을 참작하는 방법인바 남녀가 상생이면 길하고 상극이면 불리하며(상극이라도 남자가 여자를 극하는 관계는 무방) 그리고 비화(五行이 같은 것)에서도 土와 水의 비화는 상합(相合)을 이루어 길하고, 金木火의 비화는 불길로 본다.

또 납음궁합에 특별한 예가 있다. 남녀를 막론하고 상대방의 극을 받는 것을 꺼리는 게 원칙이지만 극받는 것을 더 기뻐하는 관계가 있다.

○ 壬申 癸酉 甲午 乙未生은 火를 만나야 인격이 완성되고
○ 戊子 己丑 丙申 丁酉 戊午 己未生은 水를 만나야 복록이 창성하고
○ 戊戌 己亥生은 金을 만나야 영화를 누리고
○ 丙午 丁未 壬戌 癸亥生은 土를 만나야 자연히 형통하고
○ 庚午 辛未 戊申 己酉 丙辰 丁巳生은 木을 만나야 행복하다.

• 납음오행표

甲子	1924 1984	金	丙子	1936	水	戊子	1948	火	庚子	1960	土	壬子	1972	木
乙丑	1925 1985	金	丁丑	1937	水	己丑	1949	火	辛丑	1961	土	癸丑	1973	木
丙寅	1926 1986	火	戊寅	1938	土	庚寅	1950	木	壬寅	1962	金	甲寅	1974	水
丁卯	1927 1987	火	己卯	1939	土	辛卯	1951	木	癸卯	1963	金	乙卯	1975	水
戊辰	1928 1988	木	庚辰	1940	金	壬辰	1952	水	甲辰	1964	火	丙辰	1976	土
己巳	1929 1989	木	辛巳	1941	金	癸巳	1953	水	乙巳	1965	火	丁巳	1977	土
庚午	1930 1990	土	壬午	1942	木	甲午	1954	金	丙午	1966	水	戊午	1978	火
辛未	1931 1991	土	癸未	1943	木	乙未	1955	金	丁未	1967	水	己未	1979	火
壬申	1932 1992	金	甲申	1944	水	丙申	1956	火	戊申	1968	土	庚申	1980	木
癸酉	1933 1993	金	乙酉	1945	水	丁酉	1957	火	己酉	1969	土	辛酉	1981	木
甲戌	1934 1994	火	丙戌	1946	土	戊戌	1958	木	庚戌	1970	金	壬戌	1982	水
乙亥	1935 1995	火	丁亥	1947	土	己亥	1959	木	辛亥	1971	金	癸亥	1983	水

• 납음궁합 해설

男金女金 : 기복이 많아 부자되기 어렵다. 부부간에 양보가 없고 가정이 항시 시끄럽다.

男金女木 : 金木이 상극되니 남자가 아내를 업신여기기 쉽고 가정불안에 일이 잘 안된다.

男金女水 : 金水로 상생을 이루어 화목하니 천생연분이라 집안에 항시 웃음꽃이 피고 재산이 는다.

男金女火 : 火金으로 상극되니 서로 많은 인내가 있어야 해로하며, 재물도 따르지 아니한다.

男金女土 : 土金으로 상생을 이루니 부부 금슬이 지극하고 자손창성에 노비전답이 즐비할 것이다.

男木女木 : 木과 木의 만남은 서로 자존심 세우기에 힘쓰지만 양보하면 깨가 쏟아지듯 재미있게 산다.

男木女金 : 金克木 상극되어 불리한 궁합이다. 그러므로 일생 어렵게 살거나 부부 해로 어

렵다.

男木女水 : 水木이 상생되니 부부 화목하다. 자손이 효도하고 친척까지 화목하며 부귀장수 하는 궁합이다.

男木女火 : 木火로 상생을 이루니 부부간의 애정이 두텁고, 경영이 잘 되어 일생 금의옥식 하며 살아간다.

男木女土 : 木土가 상극이라 부부 화목하기 어렵다. 생애 중 여러 가지 힘든 일이 겹쳐 고생하게 된다.

男水女木 : 水木이 상생하니 부부 금슬이 좋고 일가가 평화로우며 지위가 오르고 재산이 는다.

男水女金 : 金水로 상생을 이루니 부부 화목에 자손이 창성하여 집안이 잘 되고 생애가 즐겁다.

男水女水 : 水상합이라 부부로 맺은 뒤에는 서로의 뜻이 맞고 사방의 물이 모이듯이 재산이 는다.

男水女火 : 水火상극이라 여성의 입장에서 남편의 구박이 심할 것이다. 불같은 성질을 참아야 해로한다.

男水女土 : 水土가 상극되니 부부의 뜻이 맞지 않고 자손들도 말썽을 부리거나 경영에 막힘이 많다.

男火女木 : 木火상생궁합이라, 내조가 있고 남편은 아내의 뜻을 잘 받아들이며 자손도 효도한다.

男火女金 : 火金이 상극되니 집안이 시끄럽고 자녀가 말썽을 피우며, 매사 막혀 경영이 어렵다.

男火女水 : 水火상극이니 부부화목하기 어렵다. 혹 지극히 금슬이 좋아 화목하게 사는 수도 있다.

男火女火 : 두 불이 서로 붙은 상이라 이 남녀의 만남은 조용한 날이 없으므로 항시 집안이 시끄럽다.

男火女土 : 火土로 상생을 이루니 부부가 의좋게 해로할 것은 물론이요 자손창성에 가업이 창성한다.

男土女木 : 木土가 상극이라 부부불화에 관재구설이 따르며, 본시 있던 재물이 줄고 근심이 생긴다.

男土女金 : 土生金하니 재물이 늘고 부부의 정이 좋으며, 부귀공명하여 이름을 세상에 떨친다.

男土女水 : 土水가 상극을 이루니 남편의 구박이 심하고 부부간에 정이 없으며 재수도 열리지 않는다.

男土女火 : 火土가 상생을 이루니 부부화목은 물론이요 치부하여 재물이 산처럼 쌓이고 효자가 나온다.

男土女土 : 土相合이라 부귀를 얻어 금의옥식하고 자손창성하며 고루거각에서 태평세월한다.

● 원진관계

항간에서 부녀자들의 말을 빌린다면 남녀가 원진관계로 맺어지면 해로하기 어렵다 하는데 꼭 그런 것만은 아닌 것 같다. 참고삼아 이를 소개하면 다음과 같다.

쥐띠와 양띠, 소띠와 말띠, 범띠와 닭띠, 토끼띠와 원숭이띠,
용띠와 돼지띠, 뱀띠와 개띠(子未, 丑午, 寅酉, 卯申, 辰亥, 巳戌)

● 가취멸문법(嫁娶滅門法)

아래에 해당하는 남녀 生月끼리 만나면 집안이 잘 안된다고 하나 절대성은 아니니 참고 정도에 그치기 바란다.

正月生女와 九月生男	二月生女와 八月生男
三月生女와 五月生男	四月生女와 六月生男
五月生女와 正月生男	六月生女와 十二月生男
七月生女와 三月生男	八月生女와 十月生男
九月生女와 四月生男	十月生女와 十一月生男

혼인문(婚姻門)

● 혼인년운에 대하여

속설에 삼재운(三災運 : 申子辰生-寅卯辰年, 巳酉丑生-亥子丑年, 寅午戌生-申酉戌年, 亥卯未生-巳午未年)에는 결혼을 피해야 된다고 주장하는 이가 있으나 나이가 늦어 결혼을 하려는데 마침 삼재에 걸렸다면 어찌 3년을 기다렸다가 혼인식을 올릴 수 있으랴. 그러므로 삼재운 운운은 개의치 말고 오직 아래 소개하는 남녀 혼인흉년에 해당하는지만 참작하기 바란다.

생년	子	丑	寅	卯	辰	巳	午	未	申	酉	戌	亥
남자 흉년	未	申	酉	戌	亥	子	丑	寅	卯	辰	巳	午
여자 흉년	卯	寅	丑	子	亥	戌	酉	申	未	午	巳	辰

예를 들어 남자 子年生은 未年, 여자 子年生은 卯年에 결혼식을 올리는 것이 마땅치 않다는 뜻이다.

● 혼인달 가리는 법

요즈음 세태는 거의가 토·일요일에 해당하는 혼인길일을 가리는 까닭에 달[月]까지 법에 맞는 길월(吉月)을 가리기 어렵다. (대개 혼인달에 대해서는 구애받지 않는 것 같다) 그러나 법에 있는만큼 가능하다면 달도 나쁜 달을 피하고 좋은 달을 가려 식을 올리는 게 바람직하다.

○ 살부대기월(殺夫大忌月) - 남편에게 해롭다는 달이다.

여자	子	丑	寅	卯	辰	巳	午	未	申	酉	戌	亥
불길월	正·二月	四月	七月	十二月	四月	五月	八·十二月	六·七月	六·七月	八月	十二月	七·八月

예를 들어 子年生 여자는 음력 正月과 二月에 혼인식 올리는 것을 피하라는 뜻이다.

○ 가취월(嫁娶月)

길흉구분 \ 여자의 生	子生女 / 午生女	丑生女 / 未生女	寅生女 / 申生女	卯生女 / 酉生女	辰生女 / 戌生女	巳生女 / 亥生女
대리월(大利月) 대길	六·十二月	五·十一月	二·八月	正·七月	四·十月	三·九月
방매씨(妨媒氏) 무방	正·七月	四·十月	三·九月	六·十二月	五·十一月	二·八月
방옹고(妨翁姑) 시부모 불리	二·八月	三·九月	四·十月	五·十一月	六·十二月	正·七月
방여부모(妨女父母) 친정부모 불리	三·九月	二·八月	五·十一月	四·十月	正·七月	六·十二月
방부주(妨夫主) 신랑 불리	四·十月	正·七月	六·十二月	三·九月	二·八月	五·十一月
방여신(妨女身) 신부 불리	五·十一月	六·十二月	正·七月	二·八月	三·九月	四·十月

예를 들어 子年生 여자인 경우 六·七·十二月(대리월과 방매씨, 正月은 살부대기월에 해당)에 혼인하는 게 유리하고 가급적 四·五·十·十一月(방부주·방여신)은 피하는 게 바람직하다.

○ 혼인날짜

혼인날짜는 본 책자 택일란에서 유리한 날을 가리되, 단 생기법의 화해·절명일만 피하면 된다.

이사문(移徙門)

이사날짜도 택일력 본문 이사길일(유리)에서 생기법의 화해·절명일을 피하고 이사방위만 맞추면 된다.

태백살방(太白殺方)을 피하라.

음력 1, 2, 11, 12, 21, 22일 동쪽, 3, 4, 13, 14, 23, 24일 남쪽, 5, 6, 15, 16, 25, 26일 서쪽, 7, 8, 17, 18, 27, 28일 북쪽, 9, 10, 19, 20, 29, 30일 손이 없다.

● 이사방위 일람표

연령(당) 남녀연령 구 분	남자 연령									여자 연령								
	1 10 19 28 37 46 55 64 73 82	2 11 20 29 38 47 56 65 74 83	3 12 21 30 39 48 57 66 75 84	4 13 22 31 40 49 58 67 76 85	5 14 23 32 41 50 59 68 77 86	6 15 24 33 42 51 60 69 78 87	7 16 25 34 43 52 61 70 79 88	8 17 26 35 44 53 62 71 80 89	9 18 27 36 45 54 63 72 81 90	1 10 19 28 37 46 55 64 73 82	2 11 20 29 38 47 56 65 74 83	3 12 21 30 39 48 57 66 75 84	4 13 22 31 40 49 58 67 76 85	5 14 23 32 41 50 59 68 77 86	6 15 24 33 42 51 60 69 78 87	7 16 25 34 43 52 61 70 79 88	8 17 26 35 44 53 62 71 80 89	9 18 27 36 45 54 63 72 81 90
천록(天祿) 길	동	서남	북	남	동북	서	서북	중	동남	동남	동	서남	북	남	동북	서	서북	중
안손(眼損) 불리	동남	동	서남	북	남	동북	서	서북	중	중	동남	동	서남	북	남	동북	서	서북
식신(食神) 길	중	동남	동	서남	북	남	동북	서	서북	서북	중	동남	동	서남	북	남	동북	서
증파(甑破) 불리	서북	중	동남	동	서남	북	남	동북	서	서	서북	중	동남	동	서남	북	남	동북
오귀(五鬼) 불리	서	서북	중	동남	동	서남	북	남	동북	동북	서	서북	중	동남	동	서남	북	남
합식(合食) 길	동북	서	서북	중	동남	동	서남	북	남	남	동북	서	서북	중	동남	동	서남	북
진귀(進鬼) 불리	남	동북	서	서북	중	동남	동	서남	북	북	남	동북	서	서북	중	동남	동	서남
관인(官印) 길	북	남	동북	서	서북	중	동남	동	서남	서남	북	남	동북	서	서북	중	동남	동
퇴식(退食) 불리	서남	북	남	동북	서	서북	중	동남	동	동	서남	북	남	동북	서	서북	중	동남

천록(天祿)과 관인방(官印方)은 벼슬과 녹봉이 오르고, 안손방은 안질과 손해가 있고, 식신방은 수복이 따르고, 증파방은 재물이 줄고, 오귀방은 질병이 이르고, 합식방은 가족과 식록이 늘고, 진귀방은 우환이 발생하고, 퇴식방은 재물이 준다.

양 택(陽宅)

● 성조운(成造運)

새로이 집을 짓기 위해 운을 볼 때 사각법(四角法)을 적용한다. 사각법에는 천기대요(天機大要)의 금루사각법(金樓四角法)과 성조본명사각법(成造本命四角法)이 있다.

금루사각법은 당년 나이 1세를 兌宮에 붙여 八方을 순행(順行 : 시계방향)하되 단 4,5세는 중궁에 넣고 계속 연령을 붙여나간다. 이렇게 하고 보면 매 1, 3, 7, 9의 홀수나이는 四正方에 위치하여 성조에 길하고 2, 4, 5, 6, 8, 10의 짝수나이는 (5세수 포함) 건·곤·간·태의 사각방에 들어 성조불리라 한다.

성조본명사각법은 나이 1세를 곤(坤)에 붙여 八方을 순행하되 단 5세(15, 25, 35, 45, 50, 55세 등)에는 中宮에 넣고 왼쪽 표와 같이 연령을 배치한다.

8 43 80 17 53 89 26 62 98 34 71	9 44 81 18 54 90 27 63 99 36 72	1 37 73 10 46 82 19 56 91 28 64 100
牛馬四角	大 吉	妻子四角
7 42 79 16 52 88 24 61 97 33 70	5 45 75 15 50 85 25 55 95 35 65	2 38 74 11 47 83 20 57 92 29 66
大 吉	蠶四角(凶)	大 吉
6 41 78 14 51 87 23 60 96 32 69	4 40 77 13 49 86 22 59 94 31 68	3 39 76 12 48 84 21 58 93 30 67
自四角(凶)	大 吉	父母四角

나이가 감(坎) 이(離) 진(震) 태(兌)의 四正方에 드는 해는 성조 대길하고 중궁과 간궁은 잠사각(蠶四角)과 자사각(自四角)이라 성조 대흉하며, 부모사각은 부모에 불리요, 처자사각은 처자에 불리하다.

우마사각은 축사 짓는 데만 불리하고 기타 건축물 짓는 데는 무방하다. 부모가 안계시면 부모사각 나이에도 집을 지을 수 있고, 처자가 없는 나이는 처자사각 나이에도 집을 지을 수 있다.

- 좌향법(坐向法)

  좌향법에는 여러 가지가 있으나 생략하고 간편한 것을 한 가지만 소개한다.

  子午卯酉年 : 癸丑 乙辰 丁未 辛戌 坐向이 大吉
  辰戌丑未年 : 艮寅 巽巳 坤申 乾亥 坐向이 大吉
  寅申巳亥年 : 壬子 甲卯 丙午 庚酉 坐向이 大吉

- 집수리

  이미 지어 있는 건축물 한곳을 수리하거나, 한쪽에 새로이 건축물을 달아내게 될 때는 반드시 삼살(三殺)·대장군방(大將軍方)과 신황(身皇)·정명방(定明方), 그리고 소아살방(小兒殺方)을 범하지 말아야 한다.

  ○ 삼살방(三殺方)

  申子辰年-남쪽, 巳酉丑年-동쪽, 寅午戌年-북쪽, 亥卯未年-서쪽

  ○ 대장군방(大將軍方)

  亥子丑年-정서, 寅卯辰年-정북, 巳午未年-정동, 申酉戌年-정남

  ○ 신황(身皇)·정명방(定明方)

구 분 당년 연령	집을 수리하고 달아내는 데 불리한 방위	
	남 자	여 자
1, 10, 19, 28, 37, 46, 55, 64, 73, 82	가운데	동북·서남방
2, 11, 20, 29, 38, 47, 56, 65, 74, 83	서북·동남방	정서·정동방
3, 12, 21, 30, 39, 48, 57, 66, 75, 84	정서·정동방	서북·동남방
4, 13, 22, 31, 40, 49, 58, 67, 76, 85	동북·서남방	가운데
5, 14, 23, 32, 41, 50, 59, 68, 77, 86	정남·정북방	동남·서북방
6, 15, 24, 33, 42, 51, 60, 69, 78, 87	정북·정남방	정동·정서방
7, 16, 25, 34, 43, 52, 61, 70, 79, 88	서남·동북방	서남·동북방
8, 17, 26, 35, 44, 53, 62, 71, 80, 89	정동·정서방	정북·정남방
9, 18, 27, 36, 45, 54, 63, 72, 81, 90	동남·서북방	정남·정북방

  예를 들어 28, 37, 46, 55세 된 남자는 집 한가운데를, 여자는 동북쪽과 서남쪽을 수리하지 못한다.

○ 소아살방(小兒殺方)

15세 이하의 어린이가 있는 집은 이 표에 의해 닿는 방위의 수리를 해서는 안된다. 예를 들어 癸巳年 음력 3월에 수리를 하게 된다면 3월은 大月이라 天干을 적용, 癸年 3월을 보면 서북이라 적혀 있으니 서북방 수리를 못한다.

또 음력 7월이라면 7월은 小月이라 地支 巳年의 7월은 서북이라 하였으니 건물 한복판이 소아살에 해당하므로 이곳을 수리하지 못한다.

月의 大小	月 年	正	二	三	四	五	六	七	八	九	十	十一	十二
大月	甲癸丁庚年 乙辛戊年 丙壬己年	동북 중앙 서남	서 동남 북	서북 동 남	중앙 서남 동북	동남 북 서	동 남 서북	서남 동북 중앙	북 서 동남	남 서북 동	동북 중앙 서남	서 동남 북	서북 동 남
小月	子寅辰午申戌年 丑卯巳未酉亥年	중앙 남	서북 북	서 서남	동북 동	남 동남	북 중앙	서남 서북	동 서	동남 동북	중앙 남	서북 북	서 서남

● 양택삼요(陽宅三要)

동사택(東四宅) : 坎·離·震·巽 　**서사택**(西四宅) : 乾·坤·艮·兌

출입문(門)과 좌(坐 : 혹은 큰방)와 조(竈 : 주방)의 세가지 관계가 동사택끼리 또는 서사택끼리 이루어져야 생기(生氣) 천을(天乙) 연년(延年)의 길배합이 되지만, 동사택과 서사택이 혼합되면 오귀(五鬼) 화해(禍害) 절명(絶命) 육살(六殺)의 흉배합이 되어 불리하다.

출입문과 좌(坐 : 혹은 큰방의 위치), 출입문과 부엌[竈 : 주방], 큰방과 주방이 있는 방위가 서로 음과 양이 배합되고 상생비화관계를 이루면 자연 생기 천을 연년의 길배합이 된다. 이와 같이 배합되려면 반드시 동사택(坎·離·震·巽)은 동사택끼리, 서사택(乾·坤·艮·兌)은 서사택끼리 문(門)과 주(主 : 坐, 혹은 큰방)와 조(竈 : 부엌·주방 또는 가스렌지 위치)가 배합되어야 잘 이루어진 구조의 주택이라 하며, 이러한 배합의 주택은 복록이 따른다.

● 삼요 배합표

출입문 \ 좌·주방 큰방	坎 壬子癸	艮 丑艮寅	震 甲卯乙	巽 辰巽巳	離 丙午丁	坤 未坤申	兌 庚酉辛	乾 戌乾亥
坎(壬子癸方)	복음	오귀	천을	생기	연년	절명	화해	육살
艮(丑艮寅方)	오귀	복음	육살	절명	화해	생기	연년	천을

좌·주방 큰방 출입문	坎 壬子癸	艮 丑艮寅	震 甲卯乙	巽 辰巽巳	離 丙午丁	坤 未坤申	兌 庚酉辛	乾 戌乾亥
震(甲卯乙方)	천을	육살	복음	연년	생기	화해	절명	오귀
巽(辰巽巳方)	생기	절명	연년	복음	천을	오귀	육살	화해
離(丙午丁方)	연년	화해	생기	천을	복음	육살	오귀	절명
坤(未坤申方)	절명	생기	화해	오귀	육살	복음	천을	연년
兌(庚酉辛方)	화해	연년	절명	육살	오귀	천을	복음	생기
乾(戌乾亥方)	육살	천을	오귀	화해	절명	연년	생기	복음

음택대요(陰宅大要)

- 장례일(葬禮日)

초상이나 이장(移葬)을 막론하고 장사를 치르려면 중상일(重喪日)과 중·복일(重復日)을 피해야 한다. 이장택일은 까다로워 중복일을 피하는 동시 年月日時의 길국(吉局)을 맞춰야 하므로 지면상 생략하거니와 초상에는 중상, 중·복일만 피해서 장례를 치르면 된다. 아래 표를 참고하라.

구분 \ 月	寅	卯	辰	巳	午	未	申	酉	戌	亥	子	丑
중상(重喪)	甲	乙	己	丙	丁	己	庚	辛	己	壬	癸	己
복일(復日)	庚	辛	戊	壬	癸	戊	甲	乙	戊	丙	丁	戊
중일(重日)	巳亥	巳亥	巳亥	巳亥	巳亥	巳亥	巳亥	巳亥	巳亥	巳亥	巳亥	巳亥

예를 들어 寅月 초상이면 甲·庚·巳·亥日만 피해서 장사를 치르면 된다.

- 입관길시(入棺吉時)

염(殮)이 끝나면 곧 시신을 관(棺)에 안치하고 관 뚜껑을 덮은 뒤 병풍이나 장막으로 가린다. 염은 대개 1시간 정도 소요되므로 아래 기록된 입관시간보다 1시간 앞당겨 염습을 시작하면 입관길시를 맞출 수 있을 것이다.

子日甲庚時, 丑日乙辛時, 寅日乙癸時, 卯日丙壬時, 辰日丁甲時, 巳日乙庚時,
午日丁癸時, 未日乙辛時, 申日甲癸時, 酉日丁壬時, 戌日庚壬時, 亥日乙辛時

이상을 쉽게 나타내면 다음과 같다.

甲子日-午戌時, 乙丑日-巳酉時, 丙寅日-巳未時, 丁卯日-寅午時, 戊辰日-寅巳時
己巳日-午亥時, 庚午日-未亥時, 辛未日-卯未時, 壬申日-卯辰時, 癸酉日-巳戌時
甲戌日-午申時, 乙亥日-巳酉時, 丙子日-寅午時, 丁丑日-巳亥時, 戊寅日-卯亥時
己卯日-寅申時, 庚辰日-申亥時, 辛巳日-寅未時, 壬午日-卯未時, 癸未日-卯酉時
甲申日-酉戌時, 乙酉日-午亥時, 丙戌日-寅辰時, 丁亥日-巳亥時, 戊子日-寅申時
己丑日-未亥時, 庚寅日-未酉時, 辛卯日-辰申時, 壬辰日-辰未時, 癸巳日-卯申時
甲午日-卯酉時, 乙未日-巳酉時, 丙申日-巳午時, 丁酉日-寅未時, 戊戌日-申戌時
己亥日-未亥時, 庚子日-辰申時, 辛丑日-卯未時, 壬寅日-卯巳時, 癸卯日-辰戌時
甲辰日-卯戌時, 乙巳日-辰酉時, 丙午日-巳酉時, 丁未日-巳亥時, 戊申日-寅亥時
己酉日-卯申時, 庚戌日-辰午時, 辛亥日-卯未時, 壬子日-辰戌時, 癸丑日-卯酉時
甲寅日-酉亥時, 乙卯日-午戌時, 丙辰日-午酉時, 丁巳日-巳戌時, 戊午日-巳亥時
己未日-未亥時, 庚申日-未申時, 辛酉日-辰酉時, 壬戌日-寅戌時, 癸亥日-卯酉時

- 하관길시(下棺吉時)

이장(移葬) 때의 하관시간은 年月日時의 길국(吉局)에 의하지만 초상 때의 하관시간은 황도시(黃道時)의 巳·午·未時 중에 정하면 된다. 황도시 이외의 시간은 당연히 흑도시(黑道時)가 된다.

子午日-子·丑·卯·午·申·酉時   丑未日-寅·卯·巳·申·戌·亥時
寅申日-子·丑·辰·巳·未·戌時   卯酉日-子·寅·卯·午·未·酉時
辰戌日-寅·辰·巳·申·酉·亥時   巳亥日-丑·辰·午·未·戌·亥時

- 정상기방(停喪忌方)

초상 때 시신을 묘지로 운반하기 위해 상여나 영구차를 대기시킬 경우 시신이 안치된 곳을 기준해서 상여나 영구차를 세워두는 것을 피해야 되는 방위이다. 또 묘지에서는 광중을 기준해서 상여(영구차 포함)나 영구(靈柩)를 임시 안치하는 것을 피하라는 방위이니 참작하기 바란다.

申子辰年日-동남방(巽)   巳酉丑年日-동북방(艮)
寅午戌年日-서북방(乾)   亥卯未年日-서남방(坤)

- 제주불복방(祭主不伏方)

영좌(靈座), 즉 궤연상 방향을 피해야 되는 방위이다. 즉 상주가 영좌 앞에 서서 절하고 엎드리고 곡하는 방위를 피해야 되는바 영좌가 삼살이나 양인방의 대충방(對沖方)이 되지 않도록 한다.

　삼살(三殺) : 申子辰年－남, 巳酉丑年－동, 寅午戌年－북, 亥卯未年－서

　양인(羊刃) : 甲年－卯方, 乙年－辰方, 丙方－午方, 丁年－未方, 戊年－午方
　　　　　　己年－未方, 庚年－酉方, 辛年－戌方, 壬年－子方, 癸年－丑方

- 하관(下棺)할 순간 보지 않아야 될 사람

　정충(正沖) : 장례일과 天干이 같고 지지가 沖하는 사람
　　(예) 甲子日－甲午生, 乙丑日－乙未生, 丙寅日－丙申生, 戊子日－戊午生

　순충(旬沖) : 日辰과 같은 순중(旬中)에 들어 지지가 沖하는 사람
　　(예) 甲子日－庚午生, 丙子日－壬午生, 庚戌日－甲辰生
　　　　즉, 日辰(장례일)과 天干도 沖하고 지지도 沖하는 사람이다.

　태세압본명(太歲壓本命) : 행년태세를 中宮에 넣고 九宮을 順行하여 中宮에 든 사람, 즉 癸巳年에는 癸巳, 壬寅, 辛亥, 庚申, 己巳, 戊寅, 丁亥生 등이 모두 中宮에 들므로 하관할 무렵 잠시 피하는 게 좋다.

- 흙을 취하는 방위

하관식이 끝나면 곧 흙으로 광중을 메꾸게 되는데 먼저 사토방(死土方)의 흙을 몇삽 떠서 광중에 넣은 다음, 봉분하면 좋다.

年	子	丑	寅	卯	辰	巳	午	未	申	酉	戌	亥
방위	午	亥	戌	亥	午	寅	辰	子	丑	卯	子	寅 辰

- 이장(移葬) 사초(莎草) 입석(立石)

이미 쓴 묘를 다른 곳으로 옮기거나(緬禮·遷墳이라고도 한다), 이미 쓴 묘에 합장하려거나, 이미 쓴 묘를 수리[莎草·修墓]하거나, 이미 쓴 묘에 상석(床石)을 안치하려면 묘의 봉분을 헐고 묘역을 파는 등 작업을 하게 되는데 이상의 일을 하는 데는 함부로 묘를 건드리지 못하고 반드시 운(運)을 보아 大利나 小利되는 해에 행해야지 중상운(重喪運) 닿는 해에 이상의 일을 하면 좋지 않다고 한다. 단, 천기대요에 보면 떼 입히고 봉분 고치고, 상석·비석 안치하는 데는 중상운이 되어도 좋은 月日時를 가려 행하면 무방하다 하였으니 (祭主本命日과 同旬沖을 피하여) 참작하기 바란다.

○ 동총운법(動塚運法)

年＼구분	大利(吉)	小利(平)	重喪(不利)
子午卯酉年	艮寅甲卯坤申庚酉坐	壬子癸丑丙午丁未坐	乙辰巽巳辛戌乾亥坐
辰戌丑未年	壬子癸丑丙午丁未坐	乙辰巽巳辛戌乾亥坐	艮寅甲卯坤申庚酉坐
寅申巳亥年	乙辰巽巳辛戌乾亥坐	艮寅甲卯坤申庚酉坐	壬子癸丑丙午丁未坐

※ 癸巳年에는 壬子癸丑丙午丁未 坐向의 구묘를 이장 합장이 좋지 않고, 사초, 입석 등도 꺼린다.

● 계사년의 좌운(坐運)

초상, 이장을 막론하고 새로 쓰는 묘의 坐에 대한 운을 볼 때 아래 표를 참고하라.(만년도 내용임)

○ 만년도(萬年圖) 〈2011~2015〉

坐＼年	辛卯年	壬辰年	癸巳年	甲午年	乙未年
壬坐	大利	向殺·傍陰	大利	坐殺·浮天	小利
子坐	陰符	年克	灸退	三殺·歲破·年克	小利
癸坐	傍陰	向殺·年克	大利	坐殺·年克	浮天
丑坐	小利	年克	小利	三殺·年克	歲破·傍陰
艮坐	大利	大利	年克	陰符	年克
寅坐	天官	傍陰·年克	三殺	年克	天官
甲坐	向殺	浮天·年克	坐殺	年克	向殺·傍陰
卯坐	小利	灸退	三殺·陰符·年克	小利	年克
乙坐	向殺·傍陰	大利	坐殺·浮天	大利	向殺
辰坐	傍陰	年克	三殺	年克	小利
巽坐	大利	年克	大利	年克·陰符	大利
巳坐	大利	三殺	年克	天官	年克·傍陰
丙坐	浮天	坐殺	大利	傍陰·向殺	大利
午坐	灸退	三殺·陰符	大利	小利	灸退
丁坐	大利 冬至後不利	坐殺	大利	向殺	傍陰
未坐	地官	三殺·年克	傍陰	年克	小利
坤坐	陰符	年克	小利	年克	大利
申坐	三殺·傍陰	地官·年克	天官	年克	三殺

坐＼年	辛卯年	壬辰年	癸巳年	甲午年	乙未年
庚坐	坐殺	年克	向殺·傍陰	年克	坐殺
酉坐	三殺·歲破	小利	地官	灸退	三殺·陰符
辛坐	坐殺	年克	向殺	年克·傍陰	坐殺
戌坐	三殺	歲破·傍陰·年克	小利	年克·地官	三殺
乾坐	小利 冬至後不利	小利	小利	小利	陰符
亥坐	小利 冬至後不利	天官	歲破·傍陰	三殺	地官

초상이나 이장, 장사를 치를 때는 삼살(三殺) 좌살(坐殺) 세파좌(歲破坐)를 놓지 못한다. 또 年克과 방음부(傍陰符)를 꺼리는바 아래 제살법(制殺法)에 의해 제살되면 무방하다. 삼살도 제살법이 있으나 가능하면 범하지 않는 게 좋다. 삼살 좌살 연극 세파좌는 陽宅에도 범하지 말아야 한다. 방음부는 음택에만 꺼리고 구퇴(灸退) 천관부(天官符) 지관부(地官符) 음부(陰符 : 즉 正陰符)는 양택에만 꺼린다.

○ 제살법(制殺法)

삼살(三殺) : 망인(亡人)이나 상주(喪主)의 생년납음(生年納音)이나 당년 年月日時의 납음으로 제살할 수 있다. 예를 들어 癸巳年은 三殺이 寅卯辰 木方이므로 木이 殺이다. 만일 망인이나 상주의 年月日時의 납음이 金(壬申 癸酉 庚辰 辛巳 甲午 己未 등)에 해당하면 金克木으로 제살되어 무해하다 한다.

연극(年克) : 행년태세의 납음이 산운(山運)을 극하면 年克이다. 그러나 태세납음이 산운을 극하여 年克이 될지라도 그 亡人이나 상주, 행년의 月日時 납음이 태세납음을 다시 극해주면 제살된다. 癸巳年에는 卯, 艮, 巳坐 등이 火운인데, 납음이 水이다. 즉 水가 살이므로 납음 土命 土日 등에 해당하면 土克水로 制殺된다.

방음부(傍陰符) : 癸巳年에는 庚亥未坐가 방음부로 癸水를 방음살이라 한다. 申酉戌亥子丑月에는 水가 태왕되어 더욱 불리하나 寅卯辰巳午未月에는 水氣가 쇠약해져 무방하다. 또는 亡人이나 喪主가 辛生이면 辛을 납음 癸水(태세)의 효살(梟殺)이라 하여 제살된다.

● 이장택일(移葬擇日)

이장택일은 초상시와 달리 복잡하고 어렵다. 그래서 여기에서는 다 수록이 불가능하므로 간편한 점만 기술한다.

○ 개총법(開塚法)

　甲乙日 – 辛戌乾亥坐를 헐지 않는다. (또 申酉時도 피한다)
　丙丁日 – 坤申庚酉坐를 헐지 않는다. (또 丑午申戌時를 피한다)
　戊己日 – 辰戌酉坐를 헐지 않는다. (또는 辰戌酉時를 피한다)
　庚辛日 – 艮寅甲卯坐를 헐지 않는다. (또는 丑辰巳時를 피한다)
　壬癸日 – 乙辰巽巳坐를 헐지 않는다. (또는 丑未時를 피한다)

○ 입지공망(入地空亡)

　庚午日 – 甲己亡命, 　庚辰日 – 乙庚亡命, 　庚寅日 – 丙辛亡命, 　庚戌日 – 丁壬亡命
　庚申日 – 戊癸亡命　이상의 日과 亡命을 피하여 장사지낸다.

○ 제신상천(諸神上天)

　한식(寒食) 청명(淸明)일과 대한(大寒) 뒤 5일 입춘(立春) 전 3일
　한식과 청명일은 모든 신(神)들이 조회하러 上天하므로 무방하고, 대한 후 5일부터 입춘 전 3일간은 신구신(新舊神)이 임무교대를 하는 기간이므로 달리 날을 받지 않고 이장을 해도 무방하다 한다.

○ 천상천하대공망일(天上天下大空亡日)

　구묘의 좌를 모르거나 시일이 급박할 때 巳·亥日(重復日)만 제외하고 아래 공망일을 사용함이 무방하다 하였다.
　乙丑　甲戌　乙亥　癸未　甲申　乙酉　壬辰　癸巳　甲午　壬寅　癸卯　壬子日

○ 주마육임(走馬六壬)

　이 주마육임은 법은 간단해도 효과는 크다 한다. 즉 陽山에 陽年月日時를, 陰山에 陰年月日時를 사용하는 법이다.
　　陽山 : 壬子 艮寅 乙辰 丙午 坤申 辛戌 年月日時 다 맞추면 吉
　　陰山 : 癸丑 甲卯 巽巳 丁未 庚酉 乾亥 年月日時 다 맞추면 吉

○ 자백구성(紫白九星)

　坐에 年月日時가 모두 자백(紫白 : 九紫, 一白, 六白, 八白)에 해당하면 대길하다.
　※ 年九星은 본 책자 맨 끝(표 3)에 있고, 月九星은 본 책자 내용 좌측 상단에 있으며, 日九星은 본 책자 본문 日字 우측에 매일매일 수록되어 있으므로 본 항에서는 時九星만 수록한다.

	甲子 乙丑 丙寅 丁卯 戊辰 己卯 庚辰 辛巳 壬午 癸未	甲午 乙未 丙申 丁酉 戊戌 己酉 庚戌 辛亥 壬子 癸丑	己巳 庚午 辛未 壬申 癸酉 甲申 乙酉 丙戌 丁亥 戊子	己亥 庚子 辛丑 壬寅 癸卯 甲寅 乙卯 丙辰 丁巳 戊午	甲戌 乙亥 丙子 丁丑 戊寅 己丑 庚寅 辛卯 壬辰 癸巳	甲辰 乙巳 丙午 丁未 戊申 己未 庚申 辛酉 壬戌 癸亥
冬至後-陽遁 夏至後-陰遁 　甲己日-甲子時 　乙庚日-丙子時 　丙辛日-戊子時 　丁壬日-庚子時 　戊癸日-壬子時　　時間遁	陽遁	陰遁	陽遁	陰遁	陽遁	陰遁
甲子 癸酉 壬午 辛卯 庚子 己酉 戊午	一白	九紫	七赤	三碧	四綠	六白
乙丑 甲戌 癸未 壬辰 辛丑 庚戌 己未	二黑	八白	八白	二黑	五黃	五黃
丙寅 乙亥 甲申 癸巳 壬寅 辛亥 庚申	三碧	七赤	九紫	一白	六白	四綠
丁卯 丙子 乙酉 甲午 癸卯 壬子 辛酉	四綠	六白	一白	九紫	七赤	三碧
戊辰 丁丑 丙戌 乙未 甲辰 癸丑 壬戌	五黃	五黃	二黑	八白	八白	二黑
己巳 戊寅 丁亥 丙申 乙巳 甲寅 癸亥	六白	四綠	三碧	七赤	九紫	一白
庚午 己卯 戊子 丁酉 丙午 乙卯	七赤	三碧	四綠	六白	一白	九紫
辛未 庚辰 己丑 戊戌 丁未 丙辰	八白	二黑	五黃	五黃	二黑	八白
壬申 辛巳 庚寅 己亥 戊申 丁巳	九紫	一白	六白	四綠	三碧	七赤

서기 2013년
단기 4346년

계사년(癸巳年) 연령대조표 (당년 나이임)

연령	간지	서기	단기	연령	간지	서기	단기	연령	간지	서기	단기
1세	계사	2013년	4346년	34세	경신	1980년	4313년	67세	정해	1947년	4280년
2세	임진	2012년	4345년	35세	기미	1979년	4312년	68세	병술	1946년	4279년
3세	신묘	2011년	4344년	36세	무오	1978년	4311년	69세	을유	1945년	4278년
4세	경인	2010년	4343년	37세	정사	1977년	4310년	70세	갑신	1944년	4277년
5세	기축	2009년	4342년	38세	병진	1976년	4309년	71세	계미	1943년	4276년
6세	무자	2008년	4341년	39세	을묘	1975년	4308년	72세	임오	1942년	4275년
7세	정해	2007년	4340년	40세	갑인	1974년	4307년	73세	신사	1941년	4274년
8세	병술	2006년	4339년	41세	계축	1973년	4306년	74세	경진	1940년	4273년
9세	을유	2005년	4338년	42세	임자	1972년	4305년	75세	기묘	1939년	4272년
10세	갑신	2004년	4337년	43세	신해	1971년	4304년	76세	무인	1938년	4271년
11세	계미	2003년	4336년	44세	경술	1970년	4303년	77세	정축	1937년	4270년
12세	임오	2002년	4335년	45세	기유	1969년	4302년	78세	병자	1936년	4269년
13세	신사	2001년	4334년	46세	무신	1968년	4301년	79세	을해	1935년	4268년
14세	경진	2000년	4333년	47세	정미	1967년	4300년	80세	갑술	1934년	4267년
15세	기묘	1999년	4332년	48세	병오	1966년	4299년	81세	계유	1933년	4266년
16세	무인	1998년	4331년	49세	을사	1965년	4298년	82세	임신	1932년	4265년
17세	정축	1997년	4330년	50세	갑진	1964년	4297년	83세	신미	1931년	4264년
18세	병자	1996년	4329년	51세	계묘	1963년	4296년	84세	경오	1930년	4263년
19세	을해	1995년	4328년	52세	임인	1962년	4295년	85세	기사	1929년	4262년
20세	갑술	1994년	4327년	53세	신축	1961년	4294년	86세	무진	1928년	4261년
21세	계유	1993년	4326년	54세	경자	1960년	4293년	87세	정묘	1927년	4260년
22세	임신	1992년	4325년	55세	기해	1959년	4292년	88세	병인	1926년	4259년
23세	신미	1991년	4324년	56세	무술	1958년	4291년	89세	을축	1925년	4258년
24세	경오	1990년	4323년	57세	정유	1957년	4290년	90세	갑자	1924년	4257년
25세	기사	1989년	4322년	58세	병신	1956년	4289년	91세	계해	1923년	4256년
26세	무진	1988년	4321년	59세	을미	1955년	4288년	92세	임술	1922년	4255년
27세	정묘	1987년	4320년	60세	갑오	1954년	4287년	93세	신유	1921년	4254년
28세	병인	1986년	4319년	61세	계사	1953년	4286년	94세	경신	1920년	4253년
29세	을축	1985년	4318년	62세	임진	1952년	4285년	95세	기미	1919년	4252년
30세	갑자	1984년	4317년	63세	신묘	1951년	4284년	96세	무오	1918년	4251년
31세	계해	1983년	4316년	64세	경인	1950년	4283년	97세	정사	1917년	4250년
32세	임술	1982년	4315년	65세	기축	1949년	4282년	98세	병진	1916년	4249년
33세	신유	1981년	4314년	66세	무자	1948년	4281년	99세	을묘	1915년	4248년